福建幼儿师范高等专科学校"优秀中青年拔尖人才"培育项目
（项目编号：BJ20210907）

师范类专业认证视域下高校教学质量保障体系的研究与实践

林家好　著

吉林大学出版社

·长春·

图书在版编目（CIP）数据

师范类专业认证视域下高校教学质量保障体系的研究
与实践 ／ 林家好著 .— 长春 ： 吉林大学出版社，
2022.8
　 ISBN 978-7-5768-0432-4

　Ⅰ．①师… Ⅱ．①林… Ⅲ．①高等师范教育—教育质
量—研究—中国 Ⅳ．① G649.2

中国版本图书馆 CIP 数据核字（2022）第 169244 号

书　　　名：师范类专业认证视域下高校教学质量保障体系的研究与实践

SHIFAN LEI ZHUANYE RENZHENG SHIYU XIA GAOXIAO JIAOXUE ZHILIANG
BAOZHANG TIXI DE YANJIU YU SHIJIAN

作　　者：林家好　著
策划编辑：邵宇彤
责任编辑：冀　洋
责任校对：王默涵
装帧设计：优盛文化
出版发行：吉林大学出版社
社　　址：长春市人民大街4059号
邮政编码：130021
发行电话：0431-89580028/29/21
网　　址：http://www.jlup.com.cn
电子邮箱：jldxcbs@sina.com
印　　刷：三河市华晨印务有限公司
成品尺寸：170mm×240mm　　16开
印　　张：13.5
字　　数：226千字
版　　次：2022年8月第1版
印　　次：2022年8月第1次
书　　号：ISBN 978-7-5768-0432-4
定　　价：78.00元

前言
Preface

坚持以质量为生命线，是高等教育高质量发展的核心要义。新时代，我国高等教育已经跃入了大众化发展阶段，这为满足人们接受高等教育的迫切需求和美好愿望提供了更多机会。然而，纵观当下我国不同层次、类型和区域的高校，其教育教学水平和人才培养质量却参差不齐，与国家和社会的殷切期望还不相匹配。如何运用系统思维扎实推进教学质量保障机制建设，整体推进高等教育综合改革，以有效保障高校的人才培养质量，从而最终实现教育现代化，也随之成为高等教育工作者广泛思考和深入研究的焦点。

立足高等教育大众化时代背景，高校必然走内涵式发展道路，质量保障工作成为底线要求。高校可构建一套完善的内外部教学质量保障体系，并使之成为涵盖人才培养全过程、全要素的操作系统，着力强化自我约束、自我控制和自我激励能力，从而实现对人才培养质量的常态保障。我国正在施行的师范类专业认证工作制度，作为保障教师教育质量的战略部署和重要举措，坚持国际上教学质量保障工作所推崇的"学生中心、产出导向、持续改进"先进理念，对我国其他不同类型和层次的高等院校质量保障体系建设具有积极的借鉴意义。

基于此，本书尝试在吸纳和借鉴国内外质量管理的理论成果和实践经验的基础上，针对原有教学质量保障体系存在的不足，立足新时代人才培养要求，通过对我国高等教育教学评估与师范类专业认证进行思考分析，致力于从理论内涵和实践创新两个层面对高校教学质量保障体系建设的路径进行研究与探索，以期能起到抛砖引玉、他山之石的参考效果。

本书共分六章，具体从高校教学质量保障体系建设的内涵概述、理论视域、体系构建、核心环节的运行实施、重要抓手以及基础保障等六个方面进行了较为全面的探讨。首先，从高等教育质量的概念出发，对比研究了国内外高校教学质量保障体系建设的主要经验及发展趋势；其次，对师范类专业认证的内涵价值、核心理念以及对高校教学质量保障体系的启示进行了简要分析与总结；再次，对师范类专业认证视域下高校建设质量保障体系框架的构建进行了研究探讨；第四，对教学管理核心环节的质量保障运行进行了梳理；第五，尝试设计与编制了专业质量标准体系；最后，对课程教学质量的监控与评价工作进行了重点探讨。

笔者开展高校教育教学评估和质量保障体系研究实践的最初契机，始于2016年4月在福建省教育评估研究中心一年多的学习锻炼经历，有幸先后参加了福建师范大学、闽南师范大学等福建省内十余所高校的教学评估、专业认证和专业评估工作，而后又全程参与了所在学校的第二轮人才培养工作评估（审核性评估）和学前教育专业认证的教育部打样试点工作。因此，本著作的完成首先要真诚感谢给予笔者悉心指导的所在学校以及福建省教育评估研究中心的各位领导、专家和同仁，他们的理论视野和实践经验起到了思想启迪的作用；其次，要感谢国内外高等教育教学评价与改革实践等方面的专家学者，笔者在开展本研究过程中，学习参考了他们大量的研究成果；最后，还要对使本著作得以顺利出版的吉林大学出版社表示衷心的感谢。

质量建设是一个需长期坚持、久久为功的系统工程，由于每个高校的特点不同，体系建设的重点与模式也有各自的特殊性。因此，本著作是笔者在理论学习和实践探索过程中的一点思考与总结，希望能起到抛砖引玉的作用。当然，由于笔者在理论水平和实践操作经验方面的局限性，书中难免存在不足之处，恳请高等教育工作的专家、学者、同仁和各位读者批评指正。

作者

2022 年 6 月 8 日

目 录
Contents

第一章　全面质量管理：
高校教学质量保障体系的内涵概述

第一节　高校教学质量保障体系的核心概念

一、高等教育质量

高等教育质量是高等教育质量保障体系所指向的对象，正确理解其内涵是开展研究与实践的必要前提。目前，关于"高等教育质量"的概念与内涵国内外专家学者开展了大量的研究活动，从不同层面提出了自身的见解，形成了一系列的专著、论文和报告等研究成果。关于质量对于高等教育的重要性已然成为广泛共识，但是基于不同国情、不同需求、不同类型与不同层次等背景，人们对于其具体内涵却未能达成共识。总体上，可把高等教育质量视作反映高校人才培养特色、内容与水平的动态概念，它因高校自身实际而具有相对性、主观性和宏观性。

伴随着经济社会的发展，包括全面质量管理理论在内的众多先进理念被引入到高等教育研究与实践中。关于高等教育质量的理解更加强调整体性，赋予了其更为丰富的内涵，不仅关注最终培养结果的实现程度，更加注重人才培养全过程的质量控制。基于全面质量管理理论视域，高等教育质量在理论与实践两个层面的内涵得以进一步拓展深化。在理论层面，坚持以学生的发展水平为核心衡量因素，高校教学质量的高低取决于学生的发展水平，即高等教育质量指的是高校培养的毕业生达到原先设定的培养标准、规格和目标的程度。在实践层面，坚持面向社会需求，制定适当的培养目标和科学的评价标准。在实际操作过程中，衡量高等教育质量高低就是利用原定的质量标准对高校人才培养目标的实现情况进行评判。因此，制定科学的培养目标和评价标准显得尤为重要，培养目标主要表明了学生经过高校培养后应当达到的发展预期水平，评价标准则是将培养目标具体细化，作为高校教育教学活动的准则以及学生学习发展成效的具体标准。研究发现，发达国家的高校每隔几年就会根据时代变化与社会发展要求及时调整、修订学校的培养目标和专业标准。

总结以往的研究，可以将高等教育质量的概念简单定义为高校在学生学习发展过程中的表现情况和所起作用的程度，即高校内外部的教育教学和人才培养活动，与社会、国家和学生个体发展的需求之间的达成度。综合原有研究，可以主要从以下四个方面对高等教育质量进行界定和评判。

（1）办学目标。高等教育质量主要体现为高校自身办学目标实现情况，包括高校为了满足社会、国家和学生发展需求而设定的人才培养目标、办学定位和发展规划等的达成情况。是否具有科学、清晰的办学目标，可以作为高校教学质量水平的重要评判指标。办学目标不可能千篇一律和长期不变，它应该随着经济社会的进步和学校的发展而动态变化，不同高校应当依据自身的类型定位、层次水平和发展阶段而制定不同的办学目标。

（2）质量标准。是否符合质量标准是判定高校教育质量高低的重要依据。质量标准的制定要与高校设定的人才培养规格相一致，强调高校达到办学目标的程度。高校要立足自身的办学水平、办学特色和办学定位，而制定科学的、可操作的、可分解的和可评价的培养标准，并以此为基础对学生的发展水平进行科学评价。

（3）满足顾主。衡量高校教学质量高低的一个重要指标，就是高校对于内外部雇主（包括社会、政府、家长、学生以及用人单位等）的发展需求的满足程度，也就是经过高校培养的学生发展水平与各种需求之间的达成度。当下的高等教育质量，在评价主体上，已经不再由高等教育管理者单方面内部定义评价，而逐步拓展到了包括校内的管理者、教师以及校外的教育管理部门、社会、行业、企业、毕业生以及用人单位等其他利益相关方；在评价程序上，遵循一整套科学量化的事实依据和数据指标。

（4）持续改进。主要指的是高校出于满足自身发展和满足校内外顾主需求的目的，以科学的管理理念为指导，在整个组织系统建立一整套自我改进的运行机制，致力于持续提高办学效益，使高校内部的教育教学和管理服务活动始终处于动态的发展进程之中。

二、高等教育质量保障体系

对于高等教育质量保障，国内外高等教育工作者同样开展了大量研究工作，取得了丰富成果。在概念上，研究人员形成了较为一致的共识，即把高等教育质量保障定义为高等教育内外部组织为了保障高等教育质量而采取的一系列程序与举措；在构成上，研究人员确定其包括组织体系、质量标准、运行程序、质量控制、质量评价、信息反馈和质量保证等方面。高等教育质量保障是一个旨在满足各方需求、实现人才培养目标的操作过程，其基本目标是保障高等教育持续发展。

在实施高等教育质量保障过程中，各主体、各环节、各要素为了达到共同发挥质量保障作用的目标，通过系统设计而形成的相互联系、相互制约的一套运行体系，即为高等教育质量保障体系。虽然不同国家出于不同的角度对高等教育质量保障体系的定义各有不同，但是在其结构划分上却形成了统一共识，即划分为内、外部质量保障体系两个维度（图1-1）。

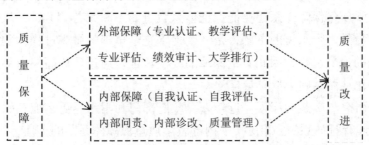

图1-1　高等教育质量保障体系二维结构图

高等教育内部、外部质量保障体系之间相互合作、协同发力，共同承担着保障高等教育质量的任务。高等教育内部质量保障体系是指由高校结合本校办学定位和实际情况对内部人才培养活动的质量进行管控而建立的一系列运行体系，主要包括自我认证、自我评估、内部问责、内部诊改、质量管理等内容；高等教育外部质量保障体系是指政府部门、第三方评价机构等外部主体对高校教育教学开展评估、认证、问责、排名与督导等活动，主要方式有院校评估、学科评估、专业认证、单项评估、综合排行、绩效审计和多维排名等内容。内部质量保障体系是基础，是为了保障高校内部的教育教学质量而自主构建的，形式可多样；外部质量保障体系的构建主导方向是推进内部质量保障体系的完善健全。

三、高校内部教学质量保障体系

高校内部教学质量保障体系在高等教育质量保障体系中处于基础性地位，发挥着主导作用。它指的是高校从经济社会需求出发，坚持以学生的发展为核心，通过设计符合实际的培养目标，完善组织体系，制定科学的质量标准，将学校内部涉及人才培养全过程的各要素、各环节有机统一起来，从而形成的一个旨在全面提高和保障人才培养质量的工作体系和运行机制。

关于内部教学质量保障体系建设，可从两个层面重点把握其内涵。一方面，高校内部要形成持续改进的工作机制，实时对人才培养全过程的各环节进行诊断与改进，从而达到人才培养质量持续提升的保证目标；另一方面，高校要对内部教学质量保障体系自身进行实时诊断与改进，以保证体系运行的有效性，从而达到保证教育教学质量的目标。一个有效的内部教学质量保障体系应能够充分保证利益相关者的话语权，使各项工作质量不断提高，同时一个优质的内部教学质量保障体系还要能保证体系自身的不断完善。但是，从实践层面而言，质量是一个永恒的主题，是一个追求止于至善的微观过程，质量本身都带有明确的价值选择，因此质量保障的终极目标是通过建成高校内部追求卓越的质量文化从而达到全员质量自觉。

随着研究与实践的深入，近年来，政府部门和学术界更多地开始使用"内部教学质量保证体系"。相对于"内部教学质量保障体系"的提法，"内部教学质量保证体系"这一概念更强调"信任"的宗旨，即人才培养质量是学校作为办学主体对直接和间接的顾客（即学生和用人单位）的承诺。建立内部教学质量保证体系的目的即是实现人们对教育质量的信任，这是相较于内部教学质量保障体系概念的最大升华。

第二节　国外高等教育质量保障体系建设的主要经验

人才培养是大学的基本功能，质量是人才培养的生命线。世界高等教育自20世纪80年代以来，逐步进入大众化阶段，如何更为有效地保障高等教育质量，无论是高等教育工作者还是公众都表现出了普遍关注。1998年首届世界高等教育大会的召开，促使世界各国政府、国际组织、社会团体和普通民众等不同群体积极投身到高等教育质量研究与实践中，积极探索保障高等教育质量的各种可行路径，高等教育质量保障活动在世界范围内得以广泛开展。

伴随着经济社会的快速发展，世界高等教育的内外环境也时刻发生着巨大变化。长期的高等教育质量保障体系研究与实践虽然取得了非常丰富的成果，但也始终处于动态发展的状态。总体而言，国外高等教育质量保障体系研究与建设大体可划分为四个阶段：一是以内部教学检查为主要内容的质量控制阶段；二是以质量监控与预警为主要内容的质量保障阶段；三是宏观体系设计与质量过程管理并重的质量管理阶段；四是以注重内部质量文化建设为主要内容的全面质量管理阶段。

通过总结世界上主要国家高等教育质量保障体系现有研究与实践成果，可得出以下几个方面的宝贵经验与发展趋势。

一、在高等教育质量保障体系建设模式方面

世界各个国家和地区在构建和完善高等教育质量保障体系方面都投入了大量的精力。综合世界上主要国家的质量保障体系建设情况，可以发现质量保障体系建设的模式无非包括政府主导的监控评估、第三方中介机构的独立评估和高校内部的自我质量保障三种。不同国家与地区立足自身的国情特点和发展现状，所采用的高等教育质量保障体系建设模式各有不同，主要表现为内外部质量保障体系的侧重点不同。一种是以外部质量保障为主，主要由政府部门、社会团体或第三方机构等外部质量保障主体成立相应的专业组织机构，对高校的人才培养工作展开评估、认证和问责等活动，如英国于1997年成立高等教育质量保障署（QAA），澳大利亚于2000年成立大学质量委员会（AUQA），日本于2000年成立专业评估机构，联合国教科文组织国际教育规

划所（UNESCO—IIEP）于 2000 年开始致力推动外部质量保障（EQA）研究，而美国则是通过引入市场竞争机制让高校接受社会监督，等等。另外一种则是以内部质量管理为主，主要是通过引入在经济社会领域广泛流行的"全面质量管理理论"以及企业质量管理的"ISO9000"系列标准等先进理念，着力加强高校内部的质量管理与保障工作，如德国于 2003 年开始实施的 IQA、ISO9000、EFQM 等模式，澳大利亚推行的内部学术委员会和管理委员会负责制度等。

二、在高等教育外部质量保障体系建设方面

国外的高等教育外部质量保障体系主要以高等教育教学评估为主要形式。高等教育教学评估的产生发展与高等教育质量保障有直接关联，在长期的实施过程中为提升与保障高等教育质量发挥了积极的作用。例如，法国作为最早进行高等教育外部评估的欧洲国家之一，于 1984 年通过成立国家评估委员会（CNE），正式建立以政府为主导的外部评估模式，而且经过后期的发展改革，与国家高等教育管理体制相适应的外部质量评估体系已经基本完善；1997 年英国正式成立了高等教育质量保障署（QAA），履行全国高等教育质量保障管理和政策智囊等职责；美国于 20 世纪初建立非官方的质量鉴定与认证机构，针对高校开展了社会化的质量监督与评估活动，使其高等教育质量得到了大大提升。

然而，在国外长期的高等教育外部评估的实践操作过程中，也显露出了一些弊端。例如，在思想认识上，受新自由主义等思潮影响，容易产生为评估而评估的现象；在评估导向上，存在过于强调量化管理、重科研轻教学以及学术权力被弱化等情况；在评估程序上，存在评估模式不当、评估指标过度设计以及评估过程烦琐等情况；在评估结果上，存在评估结果使用乏力、后续跟踪不足等问题，以上这些都对高等教育的良性发展产生了消极影响。

近年来，发达国家通过对外部教学评估的总结反思，在高等教育外部质量保障体系建设方面做出了以下几个方面的调整优化：一是在评估过程中强化对高校内部自我评估的重视，积极引导高校通过外部评估建立完善内部自我质量监控与保障工作机制，将高校内部教师的教学质量当作评估重点，巩固高校的教学中心地位；二是转变政府角色定位，强化第三方评估力度，将第三方评估当作基本原则和主要评估模式，提升评估过程和结果的独立性、专业性和权威性；三是更加强调高校的差异性，制定多元化的评估标准体系，针对不同类

型、不同层次的高校，使用更有针对性的评估指标，提升评估的科学性。

三、在高等教育内部质量保障体系建设方面

纵观国外高等教育质量保障体系建设的发展历程，可以清晰地看到质量保障的重心从外部强制逐步向高校内部自我保障转移。近年来，在以欧洲发达国家为主要代表的高等教育质量保障体系建设中，以政府为主导的外部质量评估逐步弱化，政府的角色定位更加强调对高校内部质量保障机制建设情况进行监控与指导。而高校自身通过进一步履行质量保障的主体责任，强化对自身教育教学质量的全面了解与深刻认识，使内部质量保障体系的作用可以更为有效地发挥，已成为质量保障的根本动力。

在内部质量保障体系建设过程中，主要有以下四个方面的有益经验。

第一，建立一套完善的内部质量保障组织机构。不同于以往的教学管理部门，该组织机构的主要职能是统筹高校内部所有涉及教育教学质量的组织、管理、监测、评价与指导等相关工作。尽管各个高校立足自身特色，在机构名称与职责划分上有所差别，如质量保障委员会、发展规划与质量保障办公室、质量评估与研究中心、质量监控与评估中心等，但所赋予的功能作用是一致的。在高校内部设立质量保障组织机构，已成为主要发达国家的通行做法。欧洲的大学除了校级层面设有专门的质量保障组织机构外，很多大学的质量保障组织体系还覆盖到了院系、专业和课程等层面，如二级学院的质量保障委员会、专业标准与质量委员会等。校内基层教学组织的质量保障组织机构，总体负责开展本级的质量保障工作，通过完善质量标准和质量管理制度，具体开展教育教学活动，实施过程性的质量监控和常态化的质量评价，适时反馈、优化与调整人才培养活动，从而达到保障质量的目标。

第二，所有的质量保障工作坚持以质量标准为依据。有别于以往经验式的粗放管理模式，以内部质量保障为主的质量管理模式始终坚持以科学的质量标准为行为准则和评价依据。欧洲的大学在专业建设质量保障过程中，注重建立符合自身培养目标的专业建设标准体系，且该体系不是一成不变的，会根据经济社会发展的形势变化而适时调整优化。比如，英国的许多大学立足自身办学定位和人才培养目标，对校内各个专业的招生录取、课程教学、教师管理、毕业要求以及学位授予等事项提出具体的质量要求，并根据社会调查、毕业生和雇主反馈情况，适时做出更新调整。

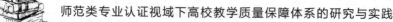

第三，内部评价重点聚焦教师的教学质量和学生的学习成效。随着高等教育的大众化，世界各国都不同程度地存在高等教育规模扩张和教育资源紧缩的矛盾。为了提升自身办学的显示度与吸引力，从而获得更多的报考生源和教育资源，各国高校不得不大力强化自身教学质量和学生学习与发展成效的信息披露，以此向社会、政府、学生以及家长等群体证明自身的办学水平和人才培养质量。比如，澳大利亚的众多高校都进一步强化了教学的中心地位，提高教学活动在人才培养过程中的占比，通过创新举措提高了教师的积极性，从而保障了教学质量；美国高校为了保障学生的学习与发展成效，通过加大学生参与评学评教的力度，进一步巩固与发展学生的中心地位，使得"增值性评估"成为了当前高校教学评价的主流。

第四，对高校内部教学质量保障体系进行"元评价"。欧洲高校通过总结前期以高等教育教学评估为主的外部教学质量保障体系建设与实践经验，发现外部质量保障体系存在政府主导的强制性约束特征，导致高校自身的质量建设主体责任意识不足，进而影响到了质量保障体系在实际运行过程中的科学性和时效性。因此，近年来，欧洲许多国家的高校，在建设与运行符合自身实际的内部教学质量保障体系过程中，更加强调体系的自我规范、自我保证和自我提高的有机统一，适时开展"元评价"工作，即对内部教学质量保障体系自身开展运行有效性评估。质量保障体系的"元评价"主要包括制定评价标准、与校外评估机构沟通协商、高校自评、现场考查、撰写评价报告与提供改进建议等系统化的评价程序。

第三节　国内高等教育质量保障的发展概况及经验思考

我国高等教育在改革开放之后得到了快速发展，但相较于西方还是起步晚、基础薄弱，对高等教育质量的研究与实践从 20 世纪 90 年代之后才得到普遍重视。1996 年，以"高等教育评估与质量保证"为主题的国际学术研讨会在北京成功举办，我国政府提出了"规模、结构、质量与效益协调发展"的高等教育改革发展思路，高校与学术界开始就高等教育质量、质量保障以及质量保障体系等问题进行探讨、研究与实践。1998 年开始，我国高校的招生规模逐步扩大，正式进入高等教育大众化阶段，质量问题日益受到广泛关注。为了保障高等教育质量，我国于 2000 年开始启动本科教学评估，致力于推动高校强化自身教学质量保障意识与实践。此后，我国的高等教育质量保障在国际化进程中不断学习与借鉴世界的先进经验，探索与实践出了一条具有自身特色的发展路径。

一、国内高等教育外部教学评估的发展概述

教学评估工作是提高教育质量的基础性工作，综观我国高校教学质量保障实践的每一步，无论是宏观还是微观，我们都可以发现"院校评估—专业评估—专业认证"这样一个质量保障体系建设清晰的发展脉络。

（一）院校评估

长期以来，我国政府部门主导的高等教育教学评估都是高等教育质量保障体系的主要模式。关于我国高等教育教学评估的发展阶段划分，前期的学者已做了大量的研究，基本上达成了共识，所以具体综合前期研究与实践成果，总结我国改革开放以来高等教育教学评估的发展历程，从评估规模、效果及其影响来判断，大体可以将其分成准备试点阶段（1985-2001）、水平评估阶段（2002—2008）、"五位一体"的评估阶段（2009 至今）。而且，可以将水平评估和"五位一体"的评估制度视为我国高校教学评估最为典型、最具代表性的发展沿革。为了更高效地说明我国高等教育教学评估在理念和实践上的重大发展，下面从准备试点、水平评估和"五位一体"评估制度三个阶段总结梳理我国教学评估的发展演变所形成的宝贵经验。

（1）准备试点阶段（1985—2001）。1985 年颁布的《中共中央关于教育体制改革的决定》标志着我国官方首次引入办学水平评估理念，启动了高校教学评估工作。1990 年原国家教委正式公布《普通高等学校教育评估暂行规定》，则标志着我国高等教育评估工作开始走向规范。1993 年 11 月，中国高等教育评估研究会成立，标志着高等教育试点评估准备工作基本就绪。随着研究与实践的不断深入，教学评估的内涵、程序也得到了不断的完善。1994 年国家开始对改革开放后批准设立的高校本科教学工作进行合格评估，1996 年开始对申请进入国家"211 工程"重点建设的高校本科教学工作进行优秀评估，1999 年起开始对其他普通高校本科教学工作进行随机性水平评估，这三种评估工作均持续到2002 年，总计评估254 所高校，其中以接受合格评估的高校最多。1995 年、1998 年相继颁布的《中华人民共和国教育法》和《中华人民共和国高等教育法》

把高等教育评估制度上升到了国家法律的高度，标志着我国高等教育评估制度建设进入法制化时期。

通过十几年准备试点阶段的积极探索，我国的教学评估工作取得了巨大成就，主要有：一是在评估的思想认识上形成了广泛共识，"以评促建，以评促改，以评促管，评建结合，重在建设"的工作方针深入人心；二是在评估的操作程序方面，组建了一支高水平的评估专家队伍，初步构建了一套较为完善的三类评估指标体系，开展了多方位的评估实践活动；三是在服务政府管理方面，促进了教育管理部门的宏观管理意识，提升了高校的办学效益和教育教学质量；四是在服务高校办学方面，促使高校进一步落实教学中心地位，加大了教学投入，加强了办学基本条件、师资队伍、实践基地、教学资源等方面的建设，优化了人才培养模式、课程体系以及课堂教学模式等方面的改革，使教育教学质量得以显著提升。同时，也发现了一些亟待改进的不足之处，如高校的参与度还比较有限、评估的系统性不够完善以及评估的分类设计还不足等。

（2）水平评估阶段（2002—2008）。在总结前期准备试点阶段经验教训的基础上，教育部于2002年将前期施行的合格评估、优秀评估和随机性水平评估整合为水平评估方案。2004年，国家颁布的《2003—2007年教育振兴行动计划》明确提出"实行以五年为一周期的全国高等学校教学质量评估制度"，教育部正式发布了经广泛征求意见而制定的《普通高等学校本科教学工作水平评估方案》，并成立高等教育教学评估中心作为专门的教育评估机构，这从组织、体制和标准上使我国高等教育评估有了保障，标志着我国教学评估制度正式确立，并在全国范围内全面实施。

水平评估取得了历史性成就，在世纪之交我国高等教育大发展、大扩招的背景下，水平评估对当时我国高等教育从精英教育向大众化教育转变而言的意义重大，它促进了政府教育管理职能转变，激发了高校之间在办学资源、声望与质量上的良性竞争，为高校的教育教学改革发展设计了一套较为完善的国家标准体系，对高校教育教学活动基本条件、管理规范和人才培养质量提供了有效保障。但其中仍然存在许多不足，如评估指标体系还比较单一，对不同高校的分类指导功能还比较弱；评估方式还不够全面有效，对专家进校考察环节还比较依赖；评估结果区分度还不够，结构运用还比较有限；院校在评估后的改进比较有限，对整改的监督指导还不够等。

（3）"五位一体"评估制度阶段（2009至今）。2008年，我国完成了首轮高校教学工作水平评估，从教育行政部门到高校管理人员都对评估成效与不足进行了深刻的总结和反思。2010年，《国家中长期教育改革和发展规划纲要（2010—2020年）》正式颁布，文件中明确提出了要"健全教学质量保障体系，改进高校教学评估"。2011年10月，教育部在总结以往评估试点、合格评估、水平评估的经验教训基础上，立足高等教育发展的新形势，吸纳国际上的先进经验，发布了《关于普通高等学校本科教学评估工作的意见》，明确提出要建立具有中国特色、世界水平的"五位一体"本科教学评估制度体系（如图1-2）。该制度体系包括教学基本状态数据常态监测、自我评估、院校评估（含合格评估、审核评估）、专业认证及评估以及国际评估等五个方面内容。

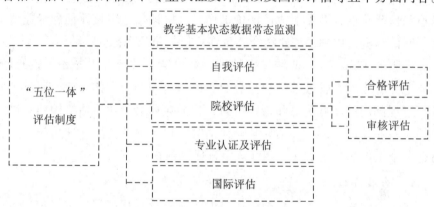

图1-2 "五位一体"评估制度图示

综观我国高等教育教学评估发展的历史，不难发现"五位一体"评估体系的确立的确是一次重大的制度创新。这一次重大变革不仅建立在国家教育主管部门对以往评估模式利弊深刻总结的基础上，还建立在对国外先进管理和评价经验的借鉴和改造上。与以往评估相比，"五位一体"评估制度顶层设计的特点至少体现在五个方面。

一是坚持整体设计。新设计很好地处理了自评与他评、形成性评价和过程性评价、院校评估与专业评估的关系，使之成为了一个互相联动的有机整体。

二是坚持常态化监测。常态化监测能有效克服周期评估外部性、周期长、突击性应对的弊端。结构完备并维护得当的教学基本状态质量监测在评估内容、评估形式和评估时效性上有了极大突破，使得政府、高校等主体可以更加便捷、可信地对高校日常办学状态进行持续监测。

三是坚持分类指导。为破解以往评估模式存在的标准单一、模式僵化、针对性和指导性不强等弊端，"五位一体"的评估制度针对不同高校的教学评估分类设计了合格评估和审核评估，同时还增加了深入高校办学基本单元的专业评估和专业认证，针对办学水平高的院校设计了国际评估，保障了评估体系的科学性、针对性和有效性。

四是坚持持续改进。与以往评估不同的是，"五位一体"评估体系取消了评估等级，合格评估只设通过、暂缓通过和不通过三种形式，是底线式的、基础性的评估；审核评估主要目的在于为学校服务，出具的反馈意见和结论中不再给出具体分数，不分任何等级，仅出具为学校的办学现状把脉和诊断的评估报告，重点是为学校的质量持续改进工作提供建设性建议。还有，评估和认证的可追踪性是重点，开展形成性评价工作，合格评估、审核评估和专业认证都增加了回访制度，体现了评建结合、重在建设的指导思想。

五是坚持多元参与。改变过去教学评估单纯由教育部主导和实施的局面，分别向地方省级教育管理部门和社会专业评估机构两个主体分权，通过扩大省级教育管理部门的区域统筹和指导权力，并强化社会专业评估机构独立进行专业评估、专业认证、课程评估和学科评估等专项评估的能力，这从根本上有助于打造一个全新的分工负责、相互竞争合作的新格局。

（二）专业评估

从质量保障形式上看，我国的质量保障体系多是从外部规范学校的总体发展，聚焦于院校，尚未深入到对某一个专业进行系统、深入细致的研究诊断。毋庸置疑，以水平评估为代表的来自外部的教学质量保障体系建设模式，在一定阶段、一定范围内，对我国高等教育的质量保障产生了积极效果，在评估标准的系统性、评估过程的客观性和评估结果的公正性方面具有明显特征。但随着外部院校教学评估的深入推进，很多问题也逐渐暴露了出来，主要有：评估针对"院校"，难以深入各个专业的层面，难以调动专业的质量建设积极性；评估来自"外部"，周期性的评估也可能导致运动式的工作状态；评估过程"静态"，无法动态反映院校、专业的发展情况；评估注重"结果"，对院校、专业教学质量的持续改进提升所起的作用不足等。

高校办学的最基本单元是专业，专业教学质量的保障才是高校整体办学质量保障的基础。在高校内部，基于专业的教育教学评估是检视专业建设，判断专业办学质量，促进专业发展的有效途径。鉴于专业建设在高校办学中的基础性和根本性地位，在国家层面并没有形成大规模的针对专业层面的教学质量评估的背景下，各个高校开始探索针对专业的教学质量评估，积极建立"非利益相关性"的高校内部专业自我评估与诊改机制。例如，华东师范大学于 2009 年启动校内专业评估，经过十几年的实践探索，逐步构建了完善的"低重心、常态化、开放式"专业评估制度，对学校专业教学质量的整体提升起到了积极作用。

经实践检验，就专业层面而言，专业评估制度帮助各个专业负责人和师生进一步明确了办学思想，强化了教学管理，促成了专业特色。鉴于学校办学能力，专业评估制度通过咨询与研讨，有效研判形势、找准问题、探索规律并达成共识，为学校提供决策依据，从而完善学校资源投入与管理机制，有效提升学校质量监控系统的执行力。

（三）专业认证

各个高校自发组织的专业评估实践，对于高校人才培养质量的提升起到了积极作用，但更为严谨、科学的专业认证制度则是专业评估制度的有效升级保障，为高等教育质量保障的重要方法。2006 年 3 月，我国教育部通过总结以往教学评估工作经验，在借鉴吸收国外专业认证先进经验的基础上，正式启动工程教育专业认证。2016 年我国正式加入《华盛顿协议》，成为第 18 个会员国。2017 年，教育部印发了《普通高等学校师范类专业认证实施办法（暂行）》，这标志着我国的专业认证领域进一步拓展到师范类专业。

纵观我国以外部教学评估为主的高等教育教学质量保障体系建设与发展历程，从外部评估聚焦学校的整体办学发展水平，到评估深入检测人才培养最基本单元——专业的各个要素，以及从各个高校的专业建设质量自我诊断，到有明确专业标准的、国际通行的专业认证，这一发展脉络不仅深刻体现了我国高校在高等教育质量观上的进步，更折射出了我国高校在教学质量保障上的不断深入，即在实践中朝着标准化、精细化、系统化的方向稳步前进。

总体来看，我国的本科高校的外部评估体系建设起步早，现在已经比较全面、细致、成熟，在国际上已经有了较高的认可度，高等职业院校的外部评估体系也在逐步完善，实现了符合国情的特色发展。但无论外部评估制度如何设计，其目的都是促进高校建好内部质量保障体系，高校的工作重心应为关注内部质量保障体系的建设及有效运行。

二、我国高等教育评估模式的优化调整思路

我国高等教育评估强调管理功能，即主要发挥监督、激励、资源分配、考核问责等功能，但却忽略了其最重要的功能，即服务于高校学术和师生发展、服务于高校提高办学质量的功能。基于此，对于高等教育评估，我国应在如下几个维度进行调整优化。

（一）尊重高等教育规律，确立正确的评价观

高等教育规律主要包括高等教育办学规律、高校组织管理规律、高校教学规律、教师专业发展规律、学生成长规律以及知识发展或学术创新规律等。要科学准确地界定高等教育质量及高校办学绩效的内涵，避免以量代质、以偏概全。采用多元综合的评价方式，根据评价对象、目标和任务的不同，采取量化与质性评价相结合、过程性与终结性评价相结合、水平评价与发展性评价相结合等多种评价方法。坚持以促进高等教育或高校发展为导向，强化评价的服务功能，充分发挥评价在一流学科建设和创新型人才培养中的诊断、监控、导向、指导作用；坚持以人为本原则，即评价以促进师生共同成长为最终的归宿，尊重师生在教育评价中的主体权利，扩大教师在教学和科研评价中的民主权，在职称评聘、薪酬分配等事关教师核心利益的环节，应吸收教师以合适方式参与评价规则的制定与设施。

（二）加大高等教育评价社会化力度，培育第三方教育评价

要强化高校面向社会自主办学意识，提高社会服务品质，就需要在高等教育评价中引入社会评价，包括行业、企事业及其他社会机构对高校智力服务质量的评价，引导高校积极根据劳动力市场需求变化调整人才培养机制。社会化评价还有利于优化政府的评价功能，协调政府与高校间的关系。在推动评价社会化进程中，应把专门的第三方评价建设当作重点工作，提升高等教育评价的专业化水平，为高等教育和高校发展提供更加精准有效的服务。为此，政府首先需要从顶层设计的立场出发，完善高等教育评价体制，积极培育第三方教育评价机构，扩大第三方参与教育评价空间的责任，并通过购买服务等方式推动第三方教育评价的实施；政府应引导高校、科研机构积极建立第三方教育评价组织，实施第三方教育评价；政府还需要加强第三方教育评价机构治理，包括机构的资质认证、评估行为监测等，引导第三方教育评价良性发展。

（三）强化高校自评在高等教育评价体系中的基础地位

教育评估是基本的教育管理行为，是高等教育质量保障体系的主体环节，不仅需要外部利益相关者，而且需要高校自身积极主动地实施自评。高校自评有利于高校依据学校办学基础、发展目标、发展机遇以及发展面临的挑战等内容，进行有针对性的评估和更有效的改进、优化和提升。为此，高校应建立专门的常设性评价机构，负责对接外部利益相关者的评估，并负责日常办学的监控、评估、反馈、研究、实验及改进工作；该机构应具有独立性，并由学校主要领导直接分管，以确保其评估职权有效、有力实施，但该机构需要始终坚持服务导向，避免行政权力对评估业务产生负面影响；该机构应该具有研究功能，提升评估队伍和评价过程的专业化、科学化水平，并通过专业的校内发展报告，为学校决策和其他职能部门以及基层学术组织提供参考数据。独立化、专业化、服务化的高校自评应是高等教育评价体系的基础。

（四）合理利用现代科技，完善评价方法

当代高等教育作为复杂系统的特征越来越显著，传统的评价方法必须不断改进才能适应这一趋势。为此，高等教育评价应充分应用现代科技手段，如通过智能科技加强对办学过程的监控和信息采集，并进行深度大数据分析，准确诊断学校办学中出现的问题并发掘背后的影响因素，从而选择更优化的问题解决办法，最终探索建立科学的管理与服务模式。在应用现代科技实施评价的过程中，需要谨防"数字化陷阱"，即要客观认识到科技驱动的现代评价技术的局限性，尊重教育规律，避免技术凌驾于人之上，反而形成对人的束缚。

另外，需要着重强调的是，在我国以政府为评估主导者的语境之下，政府应合理让渡教育评价权，由管控走向服务，引导教育利益相关者共同参与评估；政府在实施必要的教育评价时，应建立起专业化的评估体系，主要包括专业化的评估组织和评估队伍，避免教育评估的行政化倾向；政府为多元评价构建起适宜的制度环境，提高多元评价的效能。从某种意义上说，政府的评价观决定着高等教育评价改革的成败。

第四节　全面质量管理：我国高校教学质量保障体系建设的理论依据

21世纪以来，我国教育事业得到了蓬勃发展，无论在办学理念还是在办学实践方面，都给高等教育提供了丰富经验。然而，我国高等教育数量与质量之间的矛盾随着办学规模的不断扩大而日益突出，高等教育质量问题成为了研究热点。

教学质量是衡量高校办学水平、实现社会价值和保证生存发展命脉的重要标志。而在科学理念指引下的教学质量保障体系是完整地开展教学活动、实现人才培养目标的基本保证，它对教学质量的监控、反馈、引导、调节和提高起着重要作用。国外高校在实施高等教育全面质量管理方面的经验，对我国高等教育质量提高具有重要的价值和参考意义。

一、全面质量管理的内涵

从20世纪80年代到90年代初，全面质量管理（TQM）被引入了高等教育管理领域。全面质量管理理论视域下的高校教学质量保证体系的实质是将人才培养的全过程视为一个质量全面管控的由大系统和小系统组成的整体。

（一）概念内容

全面质量管理是指组织内部坚持以质量为核心，全体成员共同参与，以组织全体成员利益最大化和顾客高满意度为目标，持续不断地改进所使用的工具和技术，改进培训指导决策和计划行动，从而使组织各个领域的运作过程不断接近最优化，从而形成的一套整体概念系统。其主要包括以下内容。

（1）质量体系。作为全面质量管理体系的基础，其指的是全面实施质量管理所需的组织结构、实施程序和各种资源的总和。

（2）质量标准。作为质量改进的依据和方向，其指的是组织为其内部所有部门和员工制定并正式发布的行动指南、行为准则和纲领性文件，也是对服务对象所期望获得的质量承诺。

（3）质量控制。其指的是在整个生产活动过程中为满足质量要求而进行的监督和控制行动。该环节的目的在于及时发现运行过程中产生的问题。

（4）质量评价。其指的是组织内外部的评价机构对组织运行情况所进行的质量检验活动，目的是通过内部和外部质量评价来督促组织提高质量，实现持续改进目标。

（二）基本特征

全面质量管理作为一个科学的管理体系，具有以下三个基本特征。

（1）系统性。其意味着将组织内外的各因素、各环节当作一个整体来看待。该体系的系统性归结起来至少涵盖了三个方面的内容：第一，学校内部的全体人员以及各类人员之间的交互关系，包括管理者与教师、管理者与学生、教师与学校、教师与教师、教师与学生等群体之间的关系；第二，学校涉及对人才培养活动进行质量管理过程中使用的所有标准、程序和手段；第三，学校质量管理的组织架构体系、组织目标决策、组织运作活动（如计划、实施、指导、检查、控制）等。

（2）全面性。相较于传统质量管理理念，全面质量管理的全面性可以概括为三个方面：第一是全员，即要求学校内外部涉及人才培养的所有人都必须对自己的工作负责；第二是全过程，即人才培养质量的建设与管理，应该涵盖从招生到毕业的全培养周期过程；第三是全要素，即全面质量管理涉及行政管理、资源建设、专业建设、教学实施、评估与评价、学生管理等多个环节。

（3）发展性。持续质量改进是全面质量管理的目标，组织根据内外部形势、客户需求的变化，及时调整发展目标和实施策略，实现质量标准和雇主满意度最优化。在高等教育领域推行全面质量管理实践，就是要求学校适应人才市场需求，根据国家要求和经济社会发展现状和趋势，确定人才培养目标，开展教育教学活动，并根据毕业生和用人单位满意度，动态调整改进人才培养目标、标准、策略、教育教学活动以及评价策略等。

（三）基本原则

全面质量管理有自己的行动准则，可概括如下。

（1）需求导向原则。高等教育的顾客主要包括学生、教师、用人单位、政府（举办方）、家长等利益相关方。要落实全面质量管理，高校就应该提升内部治理水平，并通过完善制度保障，改善教学环境，加大资源投入，满足各利益相关方的需求。

（2）持续改进的原则。高等教育外部环境随着经济社会的发展而不断变化，学校内外客户对高等教育的要求与期望随之不断提高，质量评价标准也随之处于动态调整之中。因此，全面质量管理视域下的大学质量建设，也始终应该不断调整自己的质量目标和质量标准，向着持续改进的卓越目标发展。

（3）以人为本原则。高等教育坚持以人的全面发展为"生产"目标，坚持全面质量管理理念，将人当作最根本的资源进行开发利用，尊重人的价值观，强调充分参与、团队合作和协调。要求各级管理者和全体师生对学校的总体宗旨和发展目标做到心中有数，明确各自的工作职责，全面提高工作效率。学校要立足事实进行科学决策，坚持运用从办学实际监测得到的数据指标，改变单纯依赖直觉和经验管理的弊端。

二、构建全面质量管理高校教学质量保障体系的必要性

教学质量是教育之本，是大学发展的基础，提高教学质量是实现高等教育内涵发展的本质要求。新时代我国经济社会的快速发展与现有高校人才培养质量保障效率低下的矛盾，是建立新的质量保障体系的主要原因。

（一）新时代加快教育现代化的要求

建设现代化教育强国，是实现中华民族伟大复兴的基础工程。推进"五位一体"的总体布局，满足经济社会发展对科学知识和优秀人才的迫切需求，建设高质量的教育体系已成为当务之急。党的十九大明确提出，"中国特色社会主义进入新时代"。"十四五"期间，我国进入了新的发展阶段，全面建设社会主义现代化国家开始了新的征程。作为经济社会发展的重要组成部分和动力，围绕全面深化教育改革、推进高等教育高质量发展，党中央、国务院以及教育部就一流大学、一流学科、一流本科、一流专业、一流课程建设出台了一系列重大改革举措，全面开启了教育强国建设新征程。2019 年 2 月，中共中央、国务院印发了《中国教育现代化 2035》，中共中央办公厅、国务院办公厅印发《加快推进教育现代化实施方案（2018—2022 年）》，两份重要文件对加快教育现代化做了长远规划和具体部署，提出了切实可行的要求，强调了提高教育质量的必要性。在教育改革中，必须以系统的思维来完善质量保证机制，解决教育模式、运行方式和管理体制改革中存在的问题。

（二）新时代推进高校高质量发展的要求

21 世纪以来，世界高等教育呈现大众化、国际化和市场化的趋势，我国高等学校的改革与发展同样面临着巨大的挑战。经过几十年的规模扩张、转型升级，立足新的发展阶段，走内涵化的高质量发展道路，已然成为我国高等教育

和高校主动迎接挑战的必然选择，也是世界高等教育改革和发展的主要趋势。

新时代，在构建高质量教育体系的过程中，如何推进教育评价改革，坚决克服"五唯"的顽瘴痼疾，都值得全体高等教育工作者进行广泛思考和深入研究。高等院校作为我国高等教育的主力军，面对新方位、新征程、新使命，无论是其内涵发展要求，还是其社会历史责任担当，都必须进一步强化政治意识和责任担当，致力于为国家经济社会发展培养一批又一批的高素质专业化创新型人才，为加快教育现代化建设，建立人民满意的高质量教育体系提供有力支持。

三、构建全面质量管理高校教学质量保障体系的可行性

高校应该主动顺应高等教育大众化浪潮和经济社会发展需要，运用全面质量管理理论，秉持"适者生存"的办学理念，找准定位，推进治理能力与治理体系现代化。

（一）全面质量管理模式是市场化高等教育发展的必然结果

虽然全面质量管理模式在西方高等教育中的应用已经很长时间了，但仍有许多问题有待探讨。在西方国家，全面质量管理的实践已经从工业领域扩展到建筑业、交通运输业、邮电通信业和服务业以及高等教育领域，证明了全面质量管理模式的合理性。随着我国高等教育的发展，市场化的趋势也越来越明显。近年来，为了提高我国高等教育质量，一些学者开始将全面质量管理理论与我国高等教育实践结合起来进行研究，这些都为我国高校全面质量管理奠定了良好的基础。

（二）全面质量管理模式是解决高等教育发展"瓶颈"的有效途径

目前，世界上许多国家都存在着高等教育经费短缺的问题，资金不足已成为影响高等教育数量发展和质量提高的"瓶颈"。要解决这一问题，不仅要改革投资体制，还要提高管理水平和管理效率。随着我国市场经济体制的建立，高等教育的竞争日趋激烈，特别是高校扩招后，社会、家庭和个人对高等教育质量提出了更高的要求，许多高校真正感受到了"质量是核心"的巨大压力。全面质量管理的基本理念是以最小的成本实现效益和效率的最大化，是解决资金不足问题的有效途径。

（三）全面质量管理模式的引入应结合我国国情和高校的实际情况

尽管我国将全面质量管理引入高等教育领域的时间不长，但从 1978 年起，我国一些大型企业就已经开始实施全面质量管理，并取得了丰硕的成果。也就是说，我国已经有了全面质量管理的实践基础。我国高等教育体系与西方高等教育体系既有共性，又有特殊性。因此，在引进国外高等教育全面质量管理模式时，必须避免使用僵化的方法和模式。一方面，要考虑不同的国情，同一理论和不同文化背景下的成功经验会产生不同的效果；另一方面，由于高校与工商业存在本质区别，一些领域的成功管理经验不能完全复制到高校。

第二章 师范类专业认证：
高校教学质量保障体系建设的新视域

第一节 我国师范类专业认证的理论基础

2017 年 10 月，教育部发布了《普通高等学校师范类专业认证实施办法 (暂行)》(以下简称《实施办法》)，标志着我国师范类专业正式进入认证时代，在全国范围内正式启动。专业认证是专业成熟的主要标志之一，我国的师范类专业认证工作是立足教师教育规模扩大和准入放开背景下，贯彻落实习近平新时代中国特色社会主义思想和党的十九大精神、深化新时代教师教育改革的重要举措。因此，实施师范类专业认证有助于了解我国教师教育的现状，为增强师范院校的使命意识、提高教师教育质量提供依据，是我国高等教育质量保障体系的重要组成部分。

一、核心概念

（一）专业认证

专业认证是指教育机构（大学）为某一特定专业设立的认证主体进行的认证活动，其认证依据是认证机构根据教育教学现状制定的认证标准。专业认证具有以下特点。

第一，专业认证主体一般是指社会专业组织或政府部门授权的专业认证机构，相关领域的专家是认证主体。

第二，专业认证机构是非政府和非营利组织，也是独立的第三方组织，具有很强的行业自律性。

第三，专业认证实施对象是教育机构（高校）所开设的专业，专业认证机构根据各个专业各自的培养目标和毕业要求等相关数据来进行认证。

第四，专业认证对专业未来的发展具有指导、控制和监督作用，这样可以保证从业人员在专业学习时得到充分的教育；同时，专业认证的数据可以满足用人单位及大众对专业教育信息的需要。

（二）师范类专业认证

师范类专业是指普通高等学校为培养各级基础教育中的幼儿园、中小学、特殊学校和中等职业学校的教师而设立的专业，一般包括语文、数学、外语、物理、心理学和信息技术等教育科目相关的专业。目前，我国的师范院校包括师范大学、师范学院和师范高等专科学校，以及培养师范生的非师范院校，包括综合性大学、综合学院、独立学院、高等职业院校和省、市级教育院校等。

师范类专业认证是教师教育评估和认证机构根据认证标准对教师教育质量进行的外部评估，旨在证明该专业在当前和可预见的时期内是否能够达到为教师教育制定的质量标准。认证的核心是证明师范生的知识、能力、素质在毕业时是否能达到相应的标准要求，认证的目的是促进内涵建设，注重师范生能力的培养，改革培养体系，建立以产出为基础的质量保证机制和持续改进的质量文化，不断提高人才培养质量。

师范类专业认证具有如下特征。

第一，认证目标的有效性。认证目标的设定要遵循师范生的发展规律，将培养效果是否达到预期当作质量评价的重点，保证毕业生获得参加中小学教育所需的知识、素质和能力。

第二，认证标准的科学性。以建立科学合理的质量标准体系为前提，开展高等教育质量保证活动。围绕认证目标，建立横向五类覆盖和纵向三级递进的认证标准体系，有助于对师范类专业进行科学管理和合理定位，实现分类发展和特色发展。

第三，认证过程的发展性。师范类专业认证是通过教育教学质量监测的常态化和对师范生培养全方位、全过程的跟踪和反馈，促进师范类专业人才培养质量持续提升。

第四，认证结果的自律性。开展师范类专业认证的最终目的是促使师范院校建立自我约束的质量文化和控制改进的质量意识。

二、制度设计的创新之处

（一）统一的实施办法和标准

我国师范类专业认证构建了国家统一的认证体系。《实施办法》全面阐述了认证的指导思想、理念和原则、标准体系，认证的对象和条件、实施程序和结果的使用，并颁布了学前教育、中学教育、小学教育、职业技术师范教育和特殊教育认证标准。作为对《实施办法》的补充，教育部教师工作司和教育部高等教育评估中心于 2018 年 6 月制定了《普通高等学校师范类专业认证工作指南（试行）》，进一步解释了认证的实施和标准，同时还制定了《自我评估报告编写指南（试行）》，为专业自我评估提供参考。

教育部统筹、指导、监督下的认证模式，对保障师范类专业认证制度的顺利推行，提高高校对师范类专业认证的重视度和参与度无疑有着积极作用，有助于使师范类专业认证制度真正成为撬动我国教师教育内涵发展的有力杠杆。同时，师范类专业认证制度也考虑到了不同地区教师教育实际情况与需求上的差异，采取"国家统一体系、省部协同推进"的实施策略，省级教育行政部门根据国家统一实施办法和标准，结合当地实际情况制定本实施方案。

（二）分级分类的认证体系

师范类专业认证建立了三个纵向层级和五个横向分类的认证标准体系（表 2-1）。对于三级纵向监督认证制度，第一级是对学校基本办学条件的监督，通过网络平台的数据采集，对所有师范类学校的基本办学条件进行规范化的动态监督，旨在推动各师范类专业加强基本教学投入；该层级以大量数据为基础对师范院校管理的规范监督，是师范院校管理的基本要求。教育部授权的普通高等学校的所有本科师范类和国家控制的专科教育类专业都必须参加。教育部高等教育教学评估中心借助大数据手段建立监测指标常模，为学校出具年度监测诊断报告，为国家和地方教育管理部门提供决策和监管的依据，也为社会大众提供了解高等教育质量信息的服务。第二级是师范类专业教学质量合格标准认证，旨在推进专业内涵建设，确保人才培养质量达到质量标准，具备三届以上毕业生的高校可自愿申请参加；该层级认证旨在认证教学质量合格标准，并促进教师教育的实质性改进。第三级是师范类专业教学质量卓越标准认证，旨在引导专业追求办学质量的更高水平，创建一个具有导向和示范作用的标杆专业；该层级是专业教学质量卓越标准。与第一级认证不同的是，国家在符合相关标准后实施二级和三级自愿认证，充分体现了高校的自主权。

这三个级别的认证之间相互连接、逐步提升，要素完整、同时推进。三级五类专业认证标准充分体现了教师教育人才培养的针对性和专业性，对教师教育做出了科学的评价。此外，为了进一步提升认证工作与基础教育的适应性，为专业建设提供更具体、更有针对性的指导，在保障师范类专业建设基本质量的同时，还要通过将认证结果与中小学教师资格证相挂钩，与资源配置、经费投入、招生就业等相关联的方式，驱动和引导各专业追求更高水平的办学质量。

表 2-1　师范类专业认证的三级监测认证体系

等级	认证对象及条件	认证程序	认证结果使用
第一级：基本要求	全部师范类专业，强制要求	网络平台数据采集	参加全国统一的教师资格证笔试面试
第二级：合格标准	自愿申请，有三届以上毕业生	1. 申请与受理 2. 专业自评 3. 材料审核 4. 现场考查 5. 结论审议 6. 结论审定 7. 整改提高	可自行组织教师资格考试面试工作
第三级：卓越标准	自愿申请，有六届以上毕业生并通过第二级认证（个别办学历史长、社会认可度高的专业课直接申请）		可自行组织中小学教师资格考试笔试、面试工作

（三）强化认证过程中高校的主体意识

二、三级认证过程包括申请与受理、专业自评、材料审查、现场考查、结论审议、结论审定和整改提高七个阶段。在认证实施的全过程中，强调加强高师院校专业质量建设的主体责任。专业认证本质上是一个"标准制定＋证据收集＋合规性判断"的过程。师范类专业认证要求专业要做到"说""做""认证"的一致性。它不仅要求专业对标准进行自我评价，而且要求专家对专业所说、所做、所认证的内容与标准的一致性进行验证。通过校内举证与专家考查相结合，指导和促进师范类专业的自我评价，建立以内部自我保证为基础、内部保证和外部评价协同发力的质量保障体系。

（四）坚持以认证促改进的价值取向

师范类专业认证作为教师教育质量保障体系的重要组成部分，旨在保证和提高教师教育的整体质量，并在制度设计中充分体现"以评促建、以评促改、以评促强"的价值取向。

首先，在认证周期方面，将常规监控和定期认证相结合。一方面，依托教师教育质量监测平台开展师范生教育质量监督；另一方面，对师范生专业进行为期六年的定期认证，促进专业的定期评估、改进和提高。

其次，在评价反馈过程中，遵循"定量与定性"相结合的原则。认证专家组在审查专业自我评估报告和数据分析报告的基础上，通过深入访谈、座谈、考察访问、查阅资料、集体反馈等方式，全面了解学校人才培养的措施和效果，并形成书面的考察结论和建议反馈给高校，作为后续改进和提高的重要指导意见。

最后，强调"整改"环节的重要性。认证专业既需要对照标准在自评的基础上制定整改方案，还要在收到专家认证报告后进行整改，并提交整改报告，由评估中心组织专家对整改报告进行评审。通过设计"自评＋整改"和"外评＋整改"环节引导专业形成持续改进的评价文化，推动专业加强教学改革、建设和管理，不断提高师范生培养质量。

三、我国开展师范类专业认证的时代意义

实施师范类专业认证是完善现代教师教育体系、发展新师范教育的有效途径，也是推进质量文化建设、维护教师教育质量"生命线"、全面提高人才培养质量的重要举措。

（一）有助于完善教师教育质量保障体系

近年来，在教师培养培训一体化的背景下，我国先后出台了教师资格证制度和中小学、幼儿园的《教师专业标准》，分别从不同的环节保障教师教育的质量。从完整的教师教育质量保障体系来看，教师教育质量保障应至少有三个方面，即教师教育培养机构、教师教育专业和教师资格考试的质量保障。从理论上讲，在实施教师资格制度之前，先要建立前两个保障制度。在我国，教师教育机构的质量保障以普通高等学校的教学评估为基本制度，最缺乏的是教师教育专业质量保障体系。因此，作为职前教师的培养标准，师范类专业认证制度的出台标志着我国教师教育质量保障体系已初步形成。

（二）有助于保障师范院校人才培养质量

在教师教育开放化的背景下，我国的师范教育体系有所削弱，而师范院校作为师范教育体系的主体，在我国高等教育格局中也有削弱的趋势，同时制约着教师教育质量的进一步提高。开展师范类专业认证有助于提高师范类专业的准入门槛，并优化师范院校的专业布局，提升教师的学科专业素养和教学实践技能，从而更好地保障教师专业化水平，旨在建立健全高校内部教学质量保障体系。

在师范类专业认证中坚持"学生中心、产出导向、持续改进"的基本理念，将提高质量贯穿专业认证的全过程，是提高师范生培养质量的应有之义。在人才培养过程中，要注重从传统的以教师"教"为中心的教学模式向以学生"学"为中心的现代教学模式的转变，以师范生的学习效果为基础组织教育资源和教学活动。在人才培养效果上，要突出产出导向，立足学生和用人单位满意度，对照师范生的毕业要求，审核人才培养质量；在人才质量评价上，要立足专业培养目标的达成度，瞄准培养师范生的核心能力素质，强调全过程的质量评价，而教学质量的持续改进则以评价结果为基础。师范类专业认证的实质仍然是一种评价，是按照预先设定的标准和规范，由专门的机构和人士对师范院校教育质量做出的认同，以确保师范院校培养出来的人才符合教育领域最低的市场标准。

（三）有助于弥补教师资格制度的不足

教师是一个特殊的职业，这份工作不仅是传递知识，还具备独特的创造性。因此，教师的综合能力可以进一步影响学生的思维和人格。教师资格考试无法准确衡量心理素质等具有隐蔽性和潜在性的内容，也无法准确衡量道德标准。简而言之，目前的教师资格考试不能衡量申请人从理论到实践的潜在能力。在这种情况下，教师资格制度对于衡量个人和职业是否高度一致是相对无用的。然而，在我国职业评价还是一个新生事物，很少有人对教师进行评价。此外，虽然教师资格考试提出了"职业道德"测试的要求，但实际的测试和评价却很难操作。为此，当前的师范类专业认证注重考查师范生的专业认同、从教态度、关爱学生与个人修养等内容。从这个角度看，师范类专业认证制度能够弥补教师资格制度本身的一些缺陷。

第二节　产出导向：师范类专业认证的核心理念

在建构主义指导下，产出导向（OBE）教育理念是国内外专业认证中广泛采用的教育理念，其核心是"学生中心、产出导向、持续改进"，强调过程控制，建立和实施有效（动态）的质量标准，加强对教学质量的监控评价，提高学生、用人单位、政府和社会等利益相关方的满意度，构建更系统、更科学的教学质量保障体系。

从国际应用的角度看，美国、英国、加拿大等发达国家广泛采用的OBE产出导向教育理念以生产性学习推动了整个课程活动和质量评价。在调研我国高校质量保障体系建设现状以及未来发展趋势的基础上，结合国外的先进经验，"学生中心、产出导向、持续改进"的认证理念不仅把握住了教育改革发展的关键，而且为高校教学改革指明了方向。

一、学生中心

（一）内涵概述

"学生中心"是20世纪50年代美国心理学家卡尔·罗杰斯提出的一个教育概念。以学生为中心意味着教育必须以学生的全面发展为目标，指的是学校要从传统的"课堂、教师、教材"的"三个中心"向"学生、学习、学习成果"的"三个新中心"转变，注重学生的发展、学生的学习和学生的学习成果。对于教师来说，在教育过程中要坚持学生不仅是教育的主体，是学习的主人，而且是需要关心、珍惜和培养的生命，最大限度地发挥学生的主体作用，激发学生的学习兴趣，培养学生的学习能力，提高学习效果，提高综合素质，帮助学生过上有尊严的生活。上升到学校的办学层次，则是在培养目标的确立、课程体系的构建、资源的优化配置以及服务机制的实施方面都要坚持以学生为中心。

（二）坚持"学生中心"的具体要求

"以学生为中心"的概念不仅反映在"学生发展"指标中，而且还与其他七个一级指标相结合。专业认证必须实现以学生为中心的质量观的回归，实现从只关注教师"教什么"向关注学生"学什么"的转变，促进教学模式由"教"

为主向"学"为主转变。具体而言，根据学生的发展需要和学习效果，组织和配置相关的教学活动和教育资源，同时还要考虑师范生的成长规律和价值取向。评价培养质量的重要依据是师范生的个人满意度和用人单位对人才需求规格的满足程度。

（三）落实"学生中心"质量观的具体举措

（1）落实立德树人根本任务。高校在质量保障体系建设中要始终坚持以立德树人为根本，学校和教师需要真正从完整人格的意义上理解教育，关注人的自由发展。要突出学生的主体性作用，更多地关注他们自入学后在思想意识、专业知识、实践能力、情感精神、职业规划等各个方面的情况。关注学生的成长规律，使其不断适应学习的需要，与教师共同达成教学目标。关注学生的专业成长、情感成长、实践成长和就业能力，在整个成长过程中为他们提供服务和指导，帮助他们在潜移默化中培养良好的师德和能力。保障新时代人才培养质量，并促进学生德、智、体、美、劳全面发展。

（2）关注学生的成长需求。学生的专业成长应作为培养目标、毕业要求和课程体系的基础。因此，在制定培养目标和毕业要求时，要考虑到社会发展的需要、学校的定位和人才培养的总体目标。应充分理解和吸收学生在毕业时对自身"知识与理解"的看法，并在今后的专业发展中，以开放、全面的方式呈现给学生，使学生能够进行知情学习和目标学习。

（3）为学生的发展提供优质的服务支持。高校学生服务包括课程服务、教学服务和管理服务，其中课程服务应构建有利于学生发展的课程体系，通过实现课程目标支持学生达成毕业要求；教学服务应进行教学设计，通过课堂教学目标的实现，促进学生学习成效的达成，从而促进课程目标的实现；管理服务要进行有利于学生毕业要求的资源配置，提高学生教学资源利用率，为学生发展目标服务。

（4）发挥学生质量主体地位。要以学生学习成效的高低和培养目标的实现情况为出发点和落脚点，并以此作为质量保障的基本内涵，从整体上修正和把握教学质量保障体系改革实践的方向。要健全学生参与教学设计、监控、评价、反馈和改进的机制，完善学生参与评教的途径，重视学生的反馈意见，形成以学生为主体的"评价—反馈—评价"闭环机制，从而提高学生参与质量管控的主体意识，促成良性的质量建设氛围。

（5）加强教师队伍建设。落实以学生为中心的教育观的关键是拥有高水平的教师队伍，基础和前提是构建合理的师资结构。高校在选人、用人方面，要依据德才兼备的标准，选录那些综合素质优秀者从事教师教育；在选录环节，要尽量减少那些繁杂的行政性程序，以提高办事效率、提高录用质量；录用后，要为其安排合适的岗位，做到人尽其用；在工作中，要运用好绩效考核激励机制，激发其工作动力和工作效能。

二、产出导向

（一）内涵概述

美国学者斯帕迪于 1981 年首次提出了产出导向的教育思想，经过十年的发展，形成了较为完整的理论体系，被公认为高等教育发展的正确方向。OBE理念指导下的教学，将学习者的学习产出，即知识、能力、素质方面的提高当作目标和依据，以此来设计和组织教学活动，提供各种能够促进学习产出的支持和服务，并将学习产出当作评价教学质量的标准。整个过程从教学的目标设定、实施到评价始终聚焦学习者，充分体现了以学生为中心。

（二）坚持"产出导向"的具体要求

师范类专业认证所强调的"产出导向"理念，主要体现出了"反向设计"的实施原则。也就是说，专业设置要以社会需要和人的全面发展为基础，以师范生的发展效果为导向，关注师范生毕业后所学和能做的事情，对课程体系和教学环节进行反向设计，配置教师队伍和资源条件，评价教师的教学质量，同时不仅要关注专业的现状，而且要注重专业的持续改进。

与传统的教学相比，在对待学生方面，OBE 认为如果给予每个学习者足够的时间和机会，绝大多数学习者都可成功，因此在对学生进行评价时更强调个性化评价和达成性评价；在教学管理方面，强调建立弹性的学习制度，学习者可以根据个人特点安排学习进度、制订课程计划等，学校和教师的任务是为学生提供各种各样的资源，为他们的发展创造最大的空间；在课堂教学中，强调教师对学生学习的引导支持功能，通过灵活运用各种教学资源、教学手段和评价方式，帮助学生达成预期的学习目标。

（三）落实"产出导向"质量观的具体举措

（1）优化人才培养供给结构。要立足区域经济社会需要和人的全面发展，持续推进人才培养供给侧结构性改革，不断优化专业结构布局。要围绕区域经济社会发展、战略布局、产业迫切需要等方面存在的问题，立足区域特色，发挥比较优势，解决学校管理和人才培养中的"同质化"问题，促进特色发展。要突出大学特色，充分发挥大学的传统优势，在此基础上突出学校、学科、科研、师资等方面的特色，以特色支撑学校全面改革。要提升学校服务经济社会发展能力，服务国家战略最前沿，完善职前培训与职后培训的整合体系，加强适度超前人才的有效供给和储备，培养更多适应高质量发展的人才。要紧扣"五个度"，关注社会发展对人才培养的质量要求，优化人才培养模式，从专业自足向对接社会需求转变，促进供给侧结构性改革，提高学生、用人单位和社会等利益相关方的满意度。

（2）反向设计人才培养过程。学校在设定培养目标、毕业要求和培养方案时，要时刻关注"输出导向"，要立足经济社会发展需求和社会评价结果。根据社会发展的新变化，以学生的发展成效为导向，为了促进学生培养目标的实现，提高学生的社会适应能力和对培养结果的满意度，要对以学生学习等为中心的系统和决策进行逆向设计和优化。要有针对性地及时调整教育教学内容，配置相应的教育资源和师资队伍。

（3）加强学生实践能力培养。高校应根据自身的教学特色，完善不同类别学生的培养目标，明确专业间的差异。高校应积极与外部形成合力，加强合作，借助外部见习、实习机构，开拓视野，建立高效可行的见（实）习督导机制，加强见（实）习管理，完善过程性评价体系，着重总结经验，抓正反案例，回应社会问责，大力培养学生的职业道德、实践能力和自主反思能力。

（4）构建学生学习效果评价体系。目前，评价机制强调对教师教学质量的评价，而对学生学习专业知识和技能的状况和程度缺乏有效的评价。因此，在完善评价体系的过程中，高校应体现以产出为导向的理念，突出专业内涵和发展特色建设，同时不仅要重视对教育过程的监督，还要加强对教育成果的评价，包括毕业生的职业发展、职业成就、雇主满意度等。此外，评价体系的构建还应注意"专业"与"职业"的密切关系，使专业建设既符合教育规律，又符合行业需要。

三、持续改进

（一）内涵概述

持续改进（CQI）强调学生核心能力的质量要求，对人才培养活动进行全方位、全过程的监控和评价，并将评价结果应用于人才培养活动的改进，形成"评价、反馈、改进"的闭环，促进人才培养质量持续改进。持续改进包括校外、校内和课堂内的"三个循环"。校外循环是建立课外反馈机制，定期评估培养目标的合理性和实现程度，不断调整培养目标，提高毕业要求；校内循环包括在校内建立反馈机制，定期评估毕业要求对培养目标的支持程度和毕业要求的达成程度，以便不断调整毕业要求，改进教学活动；课程内循环是建立课堂教学质量监控机制，评估课程目标对毕业要求的支持程度和课程目标的实现程度，从而不断改进课程教学。通过运行"三个循环"，可促使培养目标、毕业要求和教学活动持续改进。

（二）关于坚持"持续改进"的具体要求

专业认证不仅关注专业的现状，而且强调必须有持续改进的机制，追求更高质量的文化。认证标准独立设计了一级"质量保障"指标，并从保障体系、内部监控、外部评价和持续改进四个方面验证持续改进目标是否实现。在课程与教学、合作与实践、师资队伍中设计了二级指标。根据师范生核心能力的素质要求，积极动员多个主体对师范生专业人才培养活动进行全过程、全方位的监测和评价，并将评价结果用于加强师范生专业人才培养，促进教学质量保障体系的持续改进，不断提高人才培养质量。

（三）落实"持续改进"质量观的具体举措

（1）完善"PDCA"质量保障闭环管理机制。遵循全面质量管理计划（Plan）、执行（Do）、检查（Check）、处理（Act）（简称"PDCA循环"）的科学程序，通过PDCA多个循环体的反复循环，可全面把控质量管理环节。按照该循环系统的原理，完善学校内部教学质量保障体系的运行机制，对教育教学活动进行全过程的控制和评价，并及时反馈评价结果，同时做必要的改进，形成全方位的质量监控机制和改进机制，实现人才培养全过程的质量管理闭环，从而持续推动人才培养质量的稳固提升。

（2）形成以评价结果为导向的改进机制。作为过程性的评价活动，持续改进决定着教学改革向着过程性、生成性的方向前进。按照师范类专业认证标准，评价要以毕业要求为准绳，找出突出问题，进行问题归因分析，提供持续改进意见，综合评价教育质量。因此，要坚持以学生学习成效持续改善为导向，将OBE基本理念贯穿在人才培养的全过程。在质量评价机制上，要提高师生参与评价的自觉性，以评价结果配置资源，从而形成以自主评价为主的监控、评价和改进相结合的质量评价长效机制。在评价程序上，要立足专业培养目标的达成情况，瞄准培养学生的核心能力素质，强调全过程、全员、全方位的质量评价，确保学生的学习成果。在评价结果运用上，持续改进的重要基础是高校对照"五个度"要求，及时准确地将多维评价结果反馈给人才培养的利益相关者。

第三节　师范类专业认证的高校实践探索

2020 年，在教师教育回归振兴的新时代背景下，笔者所在学校成为全国专科学前教育专业认证试点单位。自启动师范类专业认证以来，学校坚持"学生中心、产出导向、持续改进"的工作理念，以牢固把握认证工作的主线与底线为重点，以完善师范类专业人才培养质量保障机制为抓手，坚持在推进中改革，在改革中推进，主攻试点突破，促进面上推开，最终经过全体师生员工的艰苦努力，无论是教学还是管理，无论是硬件还是软件，无论是外延发展还是内涵建设，各方面工作都取得了积极成效。

以下，就学校在深入推进学前教育专业试点认证过程中所取得的经验，以及对学校教学质量保障体系建设产生的影响做简要总结。

一、师范类专业认证的评建经验

（一）以评促建，用专业认证驱动师范教育高质量发展

（1）认证理念引领，全员观念、行动升级。专业认证最重要也是最困难的就是观念的转变。为保证认证工作的顺利推进，学校从 2016 年开始积极向全校师生宣传专业认证理念，并通过自主研读、实地参观学习、邀请专家进校指导、参加国家级、省级专业认证培训等多种途径在校内营造浓厚的专业认证学习氛围，引领全校师生深刻领会认证的目的和价值，熟悉并认同专业认证的理念和标准，全方位转变学校、学院、专业的办学理念，提升教师的育人观念和教育行为。对照认证标准，修订专业人才培养方案，修订课程教学大纲，专业人才培养体系得以重塑，人才培养工作取得明显进展。

（2）强化立德树人，回归师范教育核心使命。师范教育的核心使命是为国家、社会培养合格乃至优秀的人民教师。为此，专业认证提出师范生"一践行

三学会"的毕业要求。依托专业认证，一方面，学校出台《师德建设长效机制实施办法》等制度，构建了一整套师德建设长效机制，并通过开展"立师德，铸师魂，做党和人民满意的好老师"师德专项培训、进行"三育人"表彰、评选"最美人物"等活动，推出一批师德模范；另一方面，进一步将立德树人贯穿人才培养全过程，强化师范生人才培养的政治担当，构建支撑"一践行三学会"毕业要求达成的课程体系，如通过公共基础课程、专业教育课程、教育实践课程以及第二课堂等四大模块的课程内容来全面涵养学生的师德情怀等，回归为国家培养师德高尚的优秀师资的育人使命。

（3）标准规范引导，专业建设规划有效落地。专业认证的第一使命是构建产出导向的师范人才培养体系，并持续改进。为了攻克这一难点，学校坚持"学校统筹、系部主导、专业主体、全员参与"的原则，形成校院两级工作机制，确保认证工作有序开展。通过出台《师范类专业认证工作方案（试行）》《关于人才培养方案制订的指导意见》《师范类专业人才培养质量达成度评价办法（试行）》《师范类专业课程体系合理性评价办法（试行）》《关于进一步加强人才培养质量保障体系建设的意见（试行）》等系列文件，加强学校统筹规划，构建一个基于产出导向的培养体系。全面开展人才培养方案和课程教学大纲的修订工作，做好培养目标、毕业要求和课程目标三个达成度计算，构建"一践行三学会"支撑体系。强化人才培养的条件保障，对培养过程进行监控反馈并持续改进，把"学生中心、产出导向、持续改进"的专业认证理念有效贯彻到人才培养全过程，把学校办学、教师教学的理念、理论、理想变成实实在在的教学标准和行为，推动专业建设深度改革，使专业建设规划有效落地。

（二）聚焦认证主线，重塑产出导向的师范人才培养体系

学校聚焦专业认证的主线，重塑了基于产出导向的学前教育专业人才培养体系，形成反向设计、正向施工的人才培养机制框架。具体采取的建设举措有以下几方面。

（1）对接学前教育师资需求，持续修订人才培养目标。为了进一步提升人才培养质量，可基于对党的教育方针与国家教育政策的解读，以及对社会、对相关利益方关于幼儿教师数量与质量需求的调研，持续修订学前教育专业人才培养目标，并开展多方人才市场调研，保证培养目标的合理性与达成度，为重构产出导向的人才培养体系奠定良好的基础。

（2）构建"厚师德、重实践、广覆盖"的课程体系。为确保培养目标和毕业要求的有效达成，可将培养目标分解成 8 个一级指标点及 28 个二级指标点。以毕业要求为准绳，重构了"厚师德、重实践、广覆盖"的课程体系，确保课程体系毕业要求指标点的全覆盖，且每个指标点都有加以支撑的课程，益于有效产出学习成果。

（3）完善"学习产出"的课程教学大纲。根据课程对毕业要求指标点的支撑矩阵，教师整体修订主干课程、基础课程、拓展课程、公共课程等所有类型课程的教学大纲，促成了课程目标对应毕业要求指标点、教学内容和方法对应课程目标、课程考核内容方式与评分标准对应课程目标三对应支撑关系，并根据新的课程教学大纲开展课程教学实践，促成正向施工人才培养机制。

（4）深化"学生中心、双师共育"的项目教学改革。依托专业认证，全体教师从以教学为中心向以学习为中心转变。紧扣课程教学目标，以学习效果为导向，聚焦学生"学了什么"和"能做什么"，将学习内容转化为具体的活动项目，专业教师协同实践基地园教师开展项目教学改革。通过"专题导航—观摩学习—互动研讨—方案设计—方案实施—反思提升"六个步骤，双师共同引领学生发展。对课程目标达成度的评价显示，项目教学可以有效支撑课程目标的达成。

（5）创建"教学研训一体"的实践教学体系。专业围绕培养目标与毕业要求设计实践教学体系，实现实践教学时间全贯通、内容全渗透、类型全覆盖，师德体验贯穿全程。通过三年全实践，厚植师范生的师德情怀，逐步提升保教实践、班级管理和教研实践能力。

（6）创新"反思性实践工作坊"的实践教学模式。为了进一步加强学生的师德体验、保教实践、班级管理实践和教研实践，学校学前教育专业创建了反思性实践工作坊，由 4 名优势互补的学生构成，匹配一个幼儿班，由一名校内教师主导、两名幼儿园专任教师协同。借助反思性实践工作坊，构建了课内外联动、校内外联通的全面实践场域与过程。为了帮助师生明晰实践能力训练标准，切实提升实践能力训练效果，可制定关联毕业要求的各类实践课程教学大纲、实训手册与指导手册，并研制可衡量的教育实践表现性考核标准，通过达成度评价分析，明晰教育实践能力训练的成效与问题，持续改进实践教学。

（三）紧抓认证底线，完善持续改进的质量保障体系

（1）建立校院两级教学质量保障体系。学校以学前教育专业认证试点为契机，以完善师范类专业人才培养质量保障机制为抓手，对涉及人才培养全过程的各环节进行全面梳理和改进，使学校的教学管理水平和人才培养质量得以稳步提升，使内部教学质量保障体系建设初见成效。学校遵循多方协同、强化支撑、科学有效、相互联动的原则，建立决策指挥、质量生成、支持服务、资源建设和监督控制五个系统的人才培养质量保障体系运行机制，并出台相应制度文件，不断健全质量监控机制、达成度评价机制和持续改进机制，以此加强对人才培养的过程性监控和持续改进。

二级学院聚焦培养目标和毕业要求，对接师范生核心能力素质要求，构建了覆盖机制、标准、平台和资源四大保障，教师、教材与教法三教改革，学业和素质双重评价与立德树人一条主线贯穿人才培养全过程的"4321"人才培养质量保障体系，对人才培养活动进行全方位、全过程跟踪与评价，促成了"评价—反馈—改进"的闭环。

（2）做好三个达成，强化反馈与持续改进。学校出台了人才培养达成度评价制度，形成了"监控—评价—改进"的制度和机制框架，并研制了较为规范、合理、细致的课程目标达成情况评价报告范本。学校运用课程目标、毕业要求、培养目标达成情况评价方法，对2019届毕业生进行了反思性评价，为今后持续针对培养目标、毕业要求、课程目标达成情况进行评价积累了经验。同时，其也将相应的评价结果用于下一轮的人才培养过程，不断提高人才培养的科学性、针对性和适切性，提高教师培养质量。

二、专业认证工作成效、存在不足及改进思路

学校坚持以师范类专业认证标准为准绳，持续完善符合认证标准要求的师范类专业人才培养体系，推动学校整体专业建设水平和人才培养质量不断提升。

（一）工作成效

学校以丰厚的经验逐渐形成了以爱育爱、知行合一、多元一体、开放创新的鲜明的人才培养特色。学前教育专业课程教学注重理论与实践的有机融通，教育实践全贯通、全渗透、全覆盖，同时实施体验式、项目式、综合式、三段式实践教学改革等，专业认证工作初见成效。

（1）学校统筹指导有力。基于学校统筹、系部主导、专业主体、全员参与的原则，形成了校院两级工作机制。校党委书记、校长亲自任学校认证工作领导小组组长，成立校人才培养质量保障委员会，整体设计，加强指导，同时学

校出台了师范类专业认证工作方案，专业人才培养达成度评价办法和人才培养方案制定指导意见。

（2）专业评鉴工作认真扎实，全员投入。根据学前教育专业的标准重塑人才培养体系，师生大多数熟悉专业认证理念和标准，并且高度认同，能够对照认证标准，修订专业人才培养方案，修订课程教学大纲，专业人才培养体系重塑的设计取得明显进展。

（3）两线建设初见成效。所谓两线就是专业认证的主线和底线。在"主线"建设方面，一是初步构建了基于产出导向的学前教育专业人才培养体系，反向设计的机制框架初步形成，这是主线的一个方面。专业通过需求分析调研报告，建立了学前教育需求与培养目标对接机制。培养目标定位合理，发展预期有一定的实证基础。人才培养方案经过修订对培养目标形成了基本支撑，并对毕业要求进行了初步的分解，形成了较为合理的毕业要求指标点。

二是正向施工机制框架初步形成，这是主线的第二个方面。整体修订主干课程、基础课程、拓展课程、公共课程等所有类型课程的大纲，需遵循一定标准，且最终促成了课程目标对应毕业要求指标点，教学内容和方法与课程目标，课程考核方式、评分标准与课程目标三种对应支撑关系。尤其值得肯定的是课程体系能够支撑毕业要求，包括见习、实习、研习等5门实践课程大纲，而且对照毕业要求全面修订了三段式教育实践手册，包括正向施工机制框架初步形成。

在"底线"建设方面，学校初步建立了旨在持续改进的质量保障制度体系。学校出台了人才培养评价制度，各专业具有实施细则，形成了监控、评价、改进制度和机制框架，并能够关联毕业要求初步形成的主要环节的质量标准，研制了较为规范、合理、细致的课程目标达成情况评价报告范本。运用课程目标达成、毕业要求达成、培养目标达成相关评价方法，对2019届毕业生进行反思性评价，为今后实施三个达成评价活动积累了经验。

（二）存在不足

（1）在反向设计方面。毕业要求指标点的分解，大多数的描述还没有行为化和操作化，导致这些指标点难以客观衡量，直接影响其支撑课程及课程目标的可学性、可教性、可测性。为此，建议认真研究关于毕业要求指标点相对抽象的描述，进行行为化和操作化，使其转化为可直接观察、可直接测量的行为指标，进而使之可学、可教、可测。实际上这不仅是学校的问题，而且是全国所有师范院校都存在的共性问题。

（2）在正向施工方面。缺少对专业人才培养方案、课程大纲的审核制度机制，直接影响人才培养方案和课程大纲的修订质量和落实执行。专业层面缺少课程考核审核制度和机制，直接影响课程考核对应课程目标的操作执行和考核质量。为此，建议学校依托质量管理部门和教务处，建立专业人才培养方案、课程大纲审核制度，完善审核工作机制，同时要建立针对课程考核的有效机制。

（3）在课堂教学方面。经随机抽查听课、观课、看课现场可发现课堂教学的方法过于单一，认证标准当中课程实施这一块所要求的案例教学、探究性学习、合作学习还不够，学生在学习过程中参与度有些低。为此，建议学校对标认证标准关于课程实施的要求，推进"互联网+"，尤其是混合式教学模式改革，这是落实认证标准关于课程设施要求的一个非常好的抓手。要加大这方面的推进力度，以点带面、以面带整体推进课程教学改革。

（4）在认证工作机制方面。反向设计、正向施工的认证主线和底线建设还处于设计阶段。为此，建议学校的专业采取有力措施，继续强化认证工作机制、组织机制，推进反向设计和正向施工完全落地生根，要使它渗透并落实在专业人才培养的各个环节，真正实现体系的完整重塑。

（三）改进思路

（1）加强质量文化认同，凝聚诊断与改进共识。进一步宣传、学习、落实师范类专业认证的理念、标准、要求和做法，持续加强质量文化研讨，在全校形成专业认证促进专业建设、推动专业人才培养实践不断迈上新台阶的质量文化认同，同时进一步凝聚全校教职工诊断与改进人才培养质量的共识，调动广大教师积极参与专业认证的积极性，明晰各部门、各责任单位和协同单位的职责，让师范类专业认证的理念、标准、要求、做法能够入耳、入脑、入心，从上到下促进观念的转变，将"学生中心""产出导向"的办学理念真正落到实处。

（2）对标补齐短板，强化持续改进机制和制度建设。针对师范专业认证自评自建的实际情况，要对标对表，找准差距，不断完善涵盖评价、反馈、改进三个环节的持续改进机制和制度建设，如进一步深化学生学习成果评价、制定保证评价结果用于专业持续改进的制度等，同时要实时开展针对人才培养全过程的质量监测、评价监督、反馈指导等工作，对各教学环节整改落实情况实时

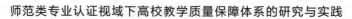

跟踪督导，促成"评价—反馈—整改—再评价"螺旋上升式的完整教学质量闭环，有效补齐短板，全面提升学校人才培养质量和水平。

（3）抓实抓细课程深度教研，促进教学改革持续深化。保障每一门课程与教学的质量是不断提升人才培养质量的关键所在。针对当前学校课程评价持续改进还有待深化的情况，要抓实抓细课程深度教研，推动每位教师深度参与基于学生学习成效的课程评价持续改进活动，将课程评价结果与分析严格落实到每一门课程教学大纲的持续修订和课程实施过程中，推动专业人才培养质量不断提升。

三、师范类专业认证评建过程中发现的问题及改进建议

依托专业认证标准，学校对人才培养目标、课程建设、师资配备、教学管理、支撑条件、质量保障、经费投入等进行全面的梳理和改进，教育教学理念得到了进一步深化。在深入推进学前教育专业试点认证的过程中，关于认证标准的适用性有以下几点思考和建议。

（一）有待改进的方面

（1）专科的高等教育质量监测国家数据平台亟待建立。本科院校开展师范类专业认证时，需先在高等教育质量监测国家数据平台上填报相关办学信息数据，该数据涉及面广、内容详细，反映学校师范类专业办学的方方面面，能基于大数据对办学基本状况实施动态监测并出具年度监测诊断报告，为本科院校更好地了解自身情况并持续改进提供参考依据。但是，专科院校没有相应的高等教育质量监测国家数据平台，导致专科院校不能运用监测诊断报告就专业建设工作进行自查和改进。

（2）专业认证涉及的部分重要概念内涵界定不够清晰。实际工作中发现，部分概念的内涵界定不够清晰，如在课程界定方面，根据《教师教育课程标准（试行）》规定，学前教育专业的教师教育课程与支撑幼儿领域教育的课程之间存在交叉，统计时，存在部分课程同时归属上述两种类型的情况。同时，对何为"支撑幼儿领域教育的课程"的界定也不够明晰，统计时难以区分哪些课程应归为上述类型的课程。

（3）认证标准、自评报告撰写指导书等的编写需完善。针对师范类专业认证，教育部高等教育教学评估中心发布《学前教育专业认证标准》《学前教育专业认证标准解读》（以下简称《标准解读》）《师范类专业认证自评报告撰写

指导书》（以下简称《撰写指导书》）三份文件，对专业认证工作起到了重要的指导作用，使院校能够更好地理解标准、领会精神、把握重点。但在运用上述三份文件时存在以下问题。

第一，专业认证标准的部分内涵解读不够明晰。每所院校、每位评估专家对标准的内涵均有自己的解读，如果理解不到位，就会影响自评工作。因此《标准解读》这份文件应对标准的内涵进行更为清晰的界定，以帮助院校更好地开展前期的自评工作与专业建设工作。特别是在毕业要求模块，如果学校对毕业要求指标点的理解不够准确，容易在分解毕业要求指标点时出现缺项、漏项，或毕业要求指标点的分解难以实现可教、可学、可测量等情况。例如，在"师德规范"部分，标准实际上是从国民基本政治素养、立德树人、依法执教、教师职业道德4个方面对师范生的培养提出要求，但因《标准解读》并未就"师德规范"的内涵解读清晰指出这4个方面，导致部分学校在制定本校的毕业要求时，容易遗漏部分内容。

第二，自评报告撰写指导书部分写作要求需进一步厘清。例如，撰写毕业要求的第一部分"达成情况"时，在"毕业要求落实评价"部分，将毕业要求达成评价方法分为直接评价和间接评价，其中间接评价包括填写外部调查、问卷调查、学生访谈、课程及大纲分析等具体方法，但外部调查和问卷调查的内涵有所重合；在"合作与实践"的实践教学部分，实践教学课程体系中的技能训练、实验实训、专业实习、教育实践等概念有一定的重合，如专业实习也归属教育实践，建议重新划分实践教学课程体系的核心要素等。

第三，部分认证标准未能体现专、本科院校区别。由于我国师范教育规模巨大、情况复杂，不同地区、层次和院校之间发展不平衡，即使是同一学校不同的专业，发展水平也存在较大的差异。但目前认证标准相关内容更多是针对本科院校来设计的，未能体现专科学校与本科学校之间的差别。同时，认证主体的意愿需求和认证客体实际情况也存在一定的差异。例如，《幼儿园教师专业标准（试行）》提出幼儿教师均应具备一定的"反思与发展"能力，毕业要求"学会反思"模块也对学生的反思与研究能力提出了相应要求。但与本科学生相比，就专科院校的生源素质和培养规模而言，从现实的角度考虑，专科的师范生培养应更多地重视激发学生初步的反思意识并使其养成初步的反思习惯，这样的目标设定更为适宜。因此，部分认证标准应针对专、本科院校的实际情况进行一定区别。

（二）改进建议

（1）搭建专科相应的质量监测数据平台。为更好地全面推行三级五类师范类专业认证体系，优化专科院校的专业认证工作，建议搭建专科相应的高等教育质量监测国家数据平台，以便建立基于大数据的专科层次师范类专业办学监测机制。

（2）进一步明晰标准中部分核心概念内涵。例如，对"教师教育课程"和"支撑幼儿领域课程"、理论课程与实践课程概念进行更清晰、更具体的界定，从而方便各种课程比例的计算；进一步明晰、界定课程设置支持关系布局合理性的内涵，明晰"实践教学课程体系"的核心要素等。

（3）进一步完善认证标准等系列文件。第一，针对专科学校认证工作，可开展高职院校座谈会，征求高职院校对认证标准的相关意见，从而对现有认证标准进行一定调整或出台相应补充说明，以便专科学校可以在认证标准的理念下更好地开展专业建设工作，提高人才培养质量。第二，要对认证标准中各项"毕业要求"的内涵进行更清晰的解读，以帮助学校更好地结合自身办学情况制定本校专业毕业要求，并进行毕业要求指标点的科学拆解；第三，厘清部分存在矛盾的相关表述与要求。

第四节　高校教学质量保障体系建设存在的主要不足与发展趋势

一、师范类专业认证视域下高校教学质量保障体系建设存在的不足

通过分析研究国内院校评估和专业认证的实践经验，对接新时代高等教育发展要求，对标师范类专业认证"学生中心、产出导向、持续改进"的核心理念，发现目前国内高校教学质量保障体系建设存在以下几个方面的共性问题。

（一）"学生中心"的理念还未有效转化为教育教学行为

目前，虽然有一些高校已经将"以学生为中心"的理念应用于教学实践，如设计人才培养目标、毕业要求和课程目标等方面。然而，由于内外部因素的影响，新理念还没有得到充分的理解，"以学生为中心"的课程教学改革没有落实到位，教育理念与改革实施不一致。存在的问题包括课程体系对培养目标

的支撑不够，课程设置相对单一，学术性课程居多，学生参与活动课程设计的机会很少，结合学生成长规律创新设计课程还不够；课堂教学的主流形态仍旧是教师主讲，学生沉默，师生深入有效的互动不足；前沿的信息化教学技能培养明显欠缺，适应人才市场前沿课程的师资队伍支撑不够；实践教学安排不足，校内外专兼职教师组成的"双导师"在数量和质量上都还不足，实践教学质量监控不到位等。

（二）质量保障体系的结构不完整

高校按照教育部的要求，立足自身实际，都在积极探索构建具有自身特色的质量保障体系。但是，质量保障体系的建立更多还是在原有习惯性轨道上依惯性运行，动力更多的还是外部强制性的评估，体系尚不完善。存在的不足包括质量保障组织体系不完善，校院两级质量保障队伍不足，学校缺少独立设置的质量管理和监督机构，且质量管理工作队伍的专业化水平还不够高；质量保障体系更多在校级层面发挥作用，二级学院的质量保障体系建设较为薄弱，尚没有做到覆盖全过程和全体人员，落实不到位；监控内容不全面，到专业和课程层面时效力逐级递减，特别是对实践教学监控不到位；把质量监控体系等同于质量保障体系，质量管理闭环未形成，"目标—标准—实施—监控—反馈—改进"这些环节没有形成一个链条结构；质量保障制度的系统性、科学性欠缺，新形势下教学管理的理念、内涵和标准没有及时引入，导致现有教学质量保障功能弱化等。

（三）质量标准体系不完善、执行有偏差

最近几年，国家加大了各类专业标准的建设力度，人才培养、从业资格和岗位要求等各类标准体系基本建立。但是，仍然存在一些问题，如不同标准由不同团队制订，标准之间指标不一、衔接不畅，甚至相互矛盾；相关标准仍然坚持"学术为先"理念，表述笼统、抽象，操作性、可行性不强，施行难度大。另外，在标准实施过程中存在的问题有：一方面，认识不全面，不同高校、不同专业、不同教师对指标的理解角度和深度不同，对指标内涵的理解不全面，习惯于依靠固有的经验和制度；另一方面，执行存在偏差，专业对国家标准的执行不严，执行缺乏规范的检查、监督和相互问责机制。在高校内部质量标准建设方面，现有标准体系不够系统，还未能覆盖到主要教学环节，同一专业或同一专业的不同学科采用同一指标体系进行评价。此外，还有对质量标准的理解有偏差，把规章制度完全等同于质量标准；标准制定不科学，量化指标设计

不到位，实际操作效果不佳；评价程序不合理，评价结果的真实性和可靠性较低等情况。

（四）系统性、周期性的自我评估制度不健全

目前，高校内部自行组织的自我质量评估在体系设计、组织施测、评估内容、信息反馈、结果使用等方面还不规范。自我评估体系还不健全，未将院系评估、专业评估、课程评估、学生跟踪评价、教师评价以及专项评估等囊括到内部质量保障体系中；参与评估的主动性不足，倾向于执行外部的检查评估；对评估结果使用不当、信息反馈不足，整改不到位；对自身的评估评价体系的"元评价"不足；学校管理部门重视质量评价信息的收集、分析和评价，而忽视了质量评价信息的利用。

（五）"持续改进"的质量文化尚未建立

我国原有的高等教育质量保障体系运行模式和管理模式呈现出部门化、行政化的趋势。在这种模式下的质量保障体系在运行过程中有着诸多不足，如师生的主体地位被削弱，自觉、自省、自律、自责地追求卓越的质量意识无法内化为师生的行为自觉；教师、学生、用人单位等参与质量建设的利益相关方参与不足，外部评价主体缺失，产出导向的协同育人机制不完善；教学管理部门更多地把对教学质量的监控当作一种行政管理的指挥棒，缺乏质量文化的建构和推广，导致师生对质量文化的参与度和认同感不够；质量建设激励机制还不完善，质量建设的内生动力功能没有得到充分发挥；质量监控助推持续改进的效果不够，PDCA 质量管理闭合循环没有形成，质量管理"最后一公里"的落实不到位，教学质量的螺旋式上升未能实现等问题。

二、师范类专业认证视域下高校教学质量保障体系建设的发展趋势

高等教育正逐渐步入大众化阶段，各国都在积极构建和完善高等教育质量保障体系。师范类专业认证开启了中国教师教育改革的新阶段，认证视域下建立的质量保障体系的鲜明特征是以内部保障为主，内外部监控评价相结合。这样不仅明确了高校在专业质量建设中的主要责任，而且通过国家分类评价和监督，促进了专业质量持续改进机制的建立，提高了专业的质量和自我保障能力。

师范类专业认证所倡导的 OBE 先进理念与国外质量保障体系建设的全面质量管理理念以及审核评估一直以来遵循的"五度达成"异曲同工，从国际经

验与中国探索来看，专业认证视域下高校教学质量保障体系建设的发展显现出以下三个方面的趋势。

（一）在观念上，OBE 教育理念逐步深入人心

OBE 教育理念早已存在于包括基础教育和高等教育在内的各个学段，但作为高等教育质量评估与保障指导思想却是近些年才逐渐形成的。现阶段国内高等教育质量保障的基本理念也在强调：一是坚持将学生的发展当作一切办学活动的依据，着重强调学校的教育教学活动、教师水平以及学习资源对学生学习的支持，学生的发展特别是学生的学习体验和学习效果，已成为许多国家和地区高等教育质量评价的重要课题；二是学校的管理决策和教育教学活动坚持以学生的产出为导向，质量标准以产出而不是投入为标准，根据学生的学习效果定期评估培养目标的完成程度，坚持行业企业的深度参与，建立各利益相关者广泛参与的质保体系；三是持续的质量保障，强调教育质量的持续改进与提升，强化监控、评价与改进的循环机制建设等。可见，OBE 理念已渐渐成为我国高等教育改革所秉持的基本理念，且代表了高校教学质量保障体系发展的潮流。

（二）在体系上，内外部质量保障互为支撑，逐步发展成为有机整体

通常情况下，高等教育质量保障体系由高校内、外部教学质量保障体系构成。外部体系由政府部门或社会团体领导，以监督问责制度和教学评估制度为主。在外部评估、社会问责、大学排名等压力下，高校内部质量保障机制不可避免地要对质量保障活动做出回应。如今，关注内部质量保障体系已经成为高等教育改革的普遍趋势。

从世界各国的做法来看，政府部门具体发挥直接管控和宏观调控的作用，力求在大学的办学自主权、政府监督和社会参与之间找到一个平衡点。例如，高等教育强国美国的外部质量保障主要由院校认证、专业认证、学术审核和大学学科排名等项目组成，联邦教育部（USDE）、全国高等教育认证委员会（CHEA）不直接参与认证工作，具体负责保障工作的是经过官方认可的第三方组织机构。在内部质保体系方面，发达国家通过长期的发展基本上达到了系统化、标准化和精细化水平。相比之下，国内高校的内部质量保障体系建设水平参差不齐，特别是在寻找有效保障机制上仍然处在探索阶段。

近年来，我国教育部相继出台各类文件，要求政策和制度能够积极引导和支持高校发挥自身的主体作用，并通过质保体系和运行机制的完善，帮助高校

树立办学特色，并不断加以完善。评估制度中，强调通过外部评估推动内部质保体系建设，如在审核评估中，要注重强化高校内部质量保障体系建设，而且"五个度"的质量标准更要考察"高校内部质量保障运行的有效度"；在"五位一体"评估制度里，评估的一个重点是高校内部教学质量保障机制的建设与实施。随着审核评估的不断深入推进，高校对人才培养质量的深刻反省将越来越成为自身的自觉行为。高校"教学质量保障体系运行的有效度"的工作理念深入人心，内部质量保障体系在理论层面和实践层面都迎来了创造性发展。因此，外部质量保障与内部质量保障要相互支撑，联动发展，成为有机整体。

（三）在评估重点上，日益深入专业、课程等基本元素

与院校评估考察整所学校的教育质量、办学水平不同，专业认证深入高校内部专业、课程等最基本的办学单元。高水平大学应该由高水平的专业提供强力支撑。开展专业认证或专业评估，可以引导高校将人力、物力资源集中在培养学生身上，真正提高教学水平和质量，从而使学生、用人单位和社会各界受益。专业认证不仅要考察每一个专业的办学效果，而且需要设计一系列彰显质量、过程、特色的内涵性指标，深入剖析一个专业在办学过程中存在的具体问题。

课程是人才培养过程中的核心环节，是质量评价的重点。英国高校特别重视对课程的质量把控，通常每门课程都要接受定期评估和年度评价，课程所在的院系负责人将组织教师、同行和学生对所授课程开展定期评估。日本文部科学省 2017 年推行的一项"课程政策"要求高校规划每一门课程的目标，确保学生在课程结束之时能达到该门课程所欲培养的专业能力。课程是培养目标实现的具体支撑。只有当每门课程的具体内容及其传递方式有效对接培养目标中的知识、能力等要求时，培养目标才能真正落到实处。将高等教育质量保障和教学评估的重点聚焦于专业、课程、学生等基本元素，是对教育本质的回归，也是真正推动高等教育内涵发展的科学可行路径。

应尽快推动实施师范类专业认证制度，充分发挥认证作用；强化认证理念在高校人才培养过程中的落实运用，以外促内、内外结合，推动高校实现常态化的自我监控、自我评价和自我改进，更好地促进高等教育持续健康发展。

第三章　体系构建：
产出导向的高校教学质量保障体系

第一节　高校教学质量保障体系构建的总体思路

实施专业认证，制定质量标准，提高学生的地位和话语权，通过范式转换形成质量文化，已成为世界各国高等教育质量保障的共同选择。师范类专业认证致力于完善高校教师教育质量保障体系，其所倡导的"学生中心、产出导向、持续改进"的先进理念，目前受到国内外高等教育的高度重视，对我国其他类型、层次的高校质量保障体系的构建具有积极的借鉴意义。以全面质量管理理论为基础，遵循 OBE 产出导向的理念，从师范类专业认证的角度，构建新时期高校教学质量的有效保障体系，以提高人才培养质量。

一、基本原则

教学质量保障体系建设要遵循服务性、发展性、动态性与实效性原则。

（一）服务性原则

要构建以人为本的教学质量保障体系，以"学生发展"为核心，营造宽松的教育环境、改革培养模式和教学模式，创新质量管理体系，建立激励竞争机制，调动教与学、服务教学的积极性和主动性。教学质量保障体系的根本目的是为整个教学过程提供优质服务，满足教师、学生、家长、企业、社会以及其他利益相关者的需要。

（二）发展性原则

不断改进教育教学质量是高校提高教育质量永恒的目标，在质量保障机制下，通过适时评价、调整目标或改进偏差，可形成质量管理循环，以不断提高教育教学质量。

（三）动态性原则

教学过程是一个动态的过程，所以对其质量的监控和评价也必须是动态的。教学质量保障体系的构建应根据条件的变化和内外部因素不断调整和完善，实现静态与动态的有机结合。要坚持以发展为导向，保证教学质量，保证工作规范化、科学化，并不断改进。

（四）实效性原则

高等教育具有多元化的特点，决定了质量管理的质量观、质量标准和质量体系的多样化。因此，在体系建设过程中，要充分考虑校内外资源的利用效率和社会效益，将一般与重点、综合与特色、过程与结果等多种监控评价手段有机结合起来，提高质保体系的实效性和可行性。

二、基本目标

国内外高等教育质量保障体系研究与实践的结果显示，对于高校人才培养质量，可以从培养定位与社会需求的适应度、培养目标与培养效果的达成度、教师和教学资源的支撑度、质量保障体系运行的有效度以及学生和用人单位的满意度"五个度"的达成情况来进行评价分析，而这恰恰就是质量保障体系建设的最终目标。"五个度"是高等教育教学评估长期实践探索中科学总结出来的，与专业认证坚持的 OBE 理念异曲同工。

（一）培养定位与社会需求的适应度

适应度是指高校所设人才培养定位，以及校内各专业的人才培养目标与外部经济社会发展需求的吻合程度。要重点考查办学定位是否符合国家战略和经济社会发展需求，以及毕业生能否适应经济社会发展的实际。有两个方面的考量，一是要向内看，抓住自身的办学定位，显示办学特色和优势；二是要向外看，抓住社会需求，尤其是与产业经济发展需求的对接，这一点往往被高校专业人才培养所忽视。

社会对人才的需求是多种多样的，如研究、应用、技能和复合型人才等。

高校应根据产业发展、社会需求和发展趋势，结合办学传统、优势特点和服务定位实际，根据国民教育发展的总体要求，根据社会对人才需求的合理定位，确定人才培养目标。培养目标是一切人才培养工作的根本出发点与归宿，要提升培养目标对社会需求的适应度，同时在制定培养目标时需要学校、专业对国家教育方针和经济社会改革发展需求展开深入且充分的调研和论证，强化其可行性和前瞻性。此外，由于政策、环境和自身专业的不断变化，还需要建立培养目标的动态调整机制，由政府主管部门、高校管理部门、专业师生、用人单位、毕业生等利益相关方共同参与，定期对培养目标的合理性进行评估并做出相应调整，方能保证培养目标始终满足社会发展的需要。

（二）培养目标与培养效果的达成度

此达成度是指通过具体的教育活动实现或达到人才培养目标的程度。重点考查学生在毕业时知识能力素质发展是否满足国家"出口"质量要求、是否达到学校和专业所制定的培养目标。同时，要通过对毕业生和用人单位的满意度调查，对培养目标的实现程度和效果进行综合评价。

人才培养质量也体现在培养目标的实现程度上，培养目标的实现必须以衡量标准为依据。成绩的高低不仅体现在学生的就业率、毕业率上，而且体现在教学内容、教学方法和教学效果上，还体现在课堂教学、教学实践、课程评价、毕业论文（设计）、实验实践、第二课堂、社会实践教学等方面。

（三）教师和教学资源的支撑度

此支撑度是指学校的师资、教育资源和资金能够达到和支持学校定位和人才培养目标的程度。重点考查师资队伍配备、课程体系设置、教学资源配置及教学活动安排是否聚焦学生成长成才需求展开，能否有效支撑学生能力素质的养成。

高校保障人才培养质量的基本条件是师资队伍和教学资源。师资队伍和教学资源是支撑学校办学方向、实现人才培养目标的必要条件。其中，师资队伍对人才培养的保障主要体现在师资队伍的数量、师资队伍的教学水平、师资队伍的科研能力、师资队伍的师德等方面；人才培养的教学资源保障主要体现在教学经费、教学设施、课程资源和社会资源的投入和保障上。国家对高校的基本办学条件有明确的规定，高校应当根据自己确定的人才培养目标，制定教师和教学资源的内部标准，为促进和保障培养目标的实现提供充足的人力、财力和物力支持。

（四）质量保障体系运行的有效度

此有效度是指教学质量保障体系有效运行的程度，包括质量目标、标准、实施、监控、评价、反馈和改进等环节。重点考查学校及专业是否建立"评价—反馈—改进"闭环，并构建出基于产出的内外评价机制和持续改进机制，以及是否注重质量文化建设并推动人才培养质量不断提升。建立和完善质量保障体系是保证教育教学水平和人才培养质量的重要手段，关键是内部质量保障体系。

高校要保证教学活动对课程目标、课程目标，对毕业要求、毕业要求，对培养目标的有效支撑，最终达成培养目标。保证质保体系有效性的关键在于构建有效的内外部质量保障运行机制和改进闭环。外部质量保障机制包括毕业生跟踪反馈机制以及利益相关方参与的多元社会评价机制；内部质量保障机制主要通过建立覆盖人才培养全过程的常态化监控机制，采取自主检查、评价反馈、结果分析与自觉改进等方式，周期性地对各主要教学环节实施有效的监控评价，从而不断提高教育教学质量。

（五）学生和用人单位的满意度

此满意度是指学生和雇主（用人单位）对学校教育教学、教学风格、自主学习和成长以及毕业生的综合素质能力的满意度。重点考查学校及专业是否重视毕业生、雇主和其他利益相关者的满意度，并利用调查结果不断改进人才培养过程。

学生和用人单位的满意度是衡量人才培养质量的重要指标。学生满意度反映了高校各方面实际工作效果与学生群体期望的一致程度；用户满意度反映了高校毕业生实际工作绩效与用人单位期望的一致程度。高校应建立毕业生和社会用人单位的跟踪调查机制，建立规范、健全机制，定期听取毕业生对教学、管理和服务的意见和建议，不断改进教育教学，提高满意度，并且要根据反馈信息，不断调整和完善专业建设要素、培养目标、培养方案、课程体系和教学方法，不断提高社会用人单位的满意度。

三、基本思路

要立足新时代人才培养要求，从破解原有体系建设存在的不足出发，依据理论研究积累，吸取国内外高校的优秀经验。本研究认为师范类专业认证视域下的高校教学质量保障体系建设的关键是如何认识"质量"，发展目标是实现对质量的有效保障，而其具体内涵是高校以人才培养目标为基础，多方利益相关者运用全面质量管理理论，对人才培养的各个阶段、各个环节按照质量评价标准进行管理，促使各要素有机衔接，对人才培养活动进行有组织、持续的监督、评价、反馈和改进，确保人才培养目标成为最终目标，形成结构完整、任务明确、权威明确、稳定有效的质量管理体系。

在体系建设和运行过程中，应始终坚持正确的办学方向，坚持立德树人根本任务，遵循"学生中心、产出导向、持续改进"的教育理念，坚持以全员、全方位、全过程育人的全面质量管理为理论基础，以国家、社会、学生等利益相关方的需求与满意度等的达成为人才培养工作持续改进的重要依据。学校要着力健全以质量建设激励机制为核心的保障制度，提升质量保障工作信息化水平，努力形成自觉反思、自我监控、自我纠正的质量文化，以质量建设为内生动力，不断进步和超越，为培养新时期高素质的创新型专门人才提供有力保障。

四、基本框架

依据上述基本思路，可将该体系归纳为产出导向的"三级四环双闭合"教学质量保障体系。它将人才培养活动全过程视为一条以学生学习成效达成与产出为中心的主线，在质量工作的责任主体上，从学校（评价主体）、学院（教学单位，责任主体）、课程教研室（基层教学组织，工作主体）三个层级，构建相互支撑、有效协同又相对独立的质量保障子系统；在每个层级的体系运行中，按照戴明质量循环理论（PDCA），形成目标决策、运行实施、监控评价、反馈改进四个运行体系；在检验质量成效上，立足在校生和毕业生两个主体，重点聚焦课堂教学目标和专业培养目标达成度情况，构建以学生课程学习成效和毕业生满意度为逻辑起点的内外部两个质量保障闭合系统。

（一）构建三个责任层级

高校教学质量建设需要内部全体成员的积极参与，构建多层级覆盖的质量保障组织体系是提高教育教学质量的基础。"三级覆盖"即将人才培养全过程视为一个整体，在学校教学质量保障过程中，高校在学校（管理职能部门）、学院（教学单位）、课程教研室（基层教学组织）三个层级分别建立质量保障体系，要将质量管理重心下移，有效理顺三方权责关系，强化学校主体意识和校级质量保证监督评价机构的作用，向学校、学院、专业、课程、师生传递压力，建立上下游质量保证和多边合作的组织体系，提高质量管理的有效性。

（1）学校层面。教学质量保障委员会（以下简称"质保委"）是教学质量保证评估工作的主体，主导学校教学质量保证工作。主要工作职责有：完善质量保证组织体系，明确质量保证责任；完善质量标准，建立评价指标体系，制定总体实施方案；完善评价结果反馈机制，注重对持续改进效果的跟踪。具体实施聚焦管理制度、思政工作、教师队伍、学生管理、资源条件建设、行政服务、信息资源和质量文化等保障机制建设方面；对学院实施专业、课程等专项评估；考评重点应放在体系建设与制度运行上。

（2）二级学院（教学单位）层面。二级学院作为教学质量保障责任主体，在专业建设、协同育人、课程建设、教学改革、实践体系建设、师资队伍建设、学生发展和质量保障等方面发挥着主导作用。根据学校人才培养总目标和专业人才市场调查，制定学院发展目标、专业人才培养目标和建设标准；制定人才培养方案，设计课程体系，实施教学改革，加强教师队伍管理；定期开展院级内部自我评估工作，做好接受各类校级评估的组织工作，并及时反馈评估结果，组织开展改进工作；建立符合实际的课程教研室（基层教学组织），并对教研室进行支持、指导、监督和评价。对二级学院质量保障工作的评价的重点是专业建设和教学改革成效。

（3）课程教研室（基层教学组织）层面。课程教研室作为教学质量保障的直接工作主体，重点是建立课程质量保障机制，对教师的课堂教学成效进行监控评价。课程教研室要对接专业人才目标，制定课程建设目标，设计课程体系和标准；推进产出导向的课堂教学改革，保证课程教学质量的不断提升；加强课程教学团队建设，提升授课教师素质能力；落实学生学习产出的课程评价改革，研究与制定科学的评价方法。质量保障的重点工作聚焦课程教学、教学实施、课程资源建设、课程评价以及课程质量保障等环节。对课程教研室的考评重点应放在课堂教学成效上。

（二）运行四个质量控制环节（PDCA）

从人才培养的全生命周期来看，人才培养质量与培养目标的设计、培养过程的实施和监控、培养效果的评价和培养效果的提高密切相关，因此产出导向的"三级四环双闭合"教学质量保障体系应是一个动态的教学质量保证体系。根据戴明循环质量控制理论（PDCA），立足各环节的功能，可使整个运行过程分别对应质量控制的设定、执行、控制和反馈等环节，从而构建"目标决策、运行实施、监控评价、反馈改进"四个质量运行子体系（图3-1），每个子体系相互联系、彼此支撑、反复循环，形成持续改进的一体化运行机制。

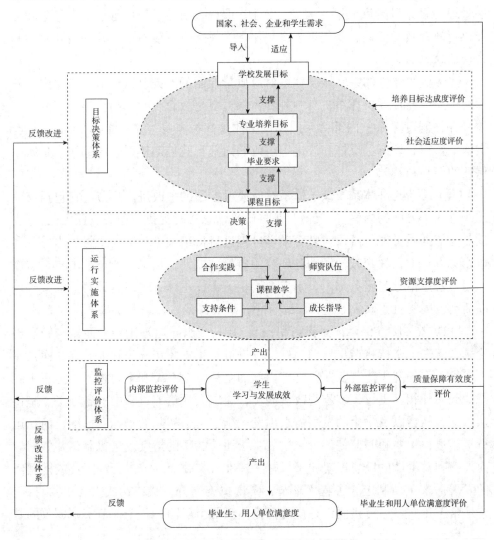

图3-1 产出导向教学质量保障体系运行图

（1）目标决策体系。该子体系对应质量控制的"计划"环节。根据国家、社会、企业以及学生的需求，落实最新的教育教学理念，制定发展目标、办学定位，确定专业建设和人才培养的方向，建立组织机构，完善制度标准，做好教育教学资源保障机制建设，开展人才培养全要素全过程的控制、监督与评价活动。

（2）运行实施体系。该子体系对应质量控制的"实施"环节。职能部门开展管理、服务与保障工作，学院、专业、课程教研室、教师等按设定目标和标准执行教育教学活动，并依据教育规律和学校规章制度对学生开展教育教学和管理活动。

（3）监控评价体系。该子体系对应质量控制的"控制"环节。包含内、外部两个质量监控评价体系，其中外部体系主要是教育行政部门主导的"五位一体"评估制度体系；内部体系的建设主体是高校自身，是一个由目标、标准、实施、监控、评价、反馈和改进等组成的内部自我控制体系，内部体系是质量保证的核心和基础。

（4）反馈改进体系。该子体系对应质量控制的"改进"环节。它包括反馈和改进两个方面的内容，"反馈"是将质量信息实时提供给相关责任主体，"改进"是依据质量评价结果对教育教学过程进行持续改进。高校要将校内外各利益相关方对学校教育教学活动各环节的质量监控评价信息，通过校内质量监控部门、就业指导与服务部门分别反馈给相关责任主体，组织有针对性的整改提高活动，还要对整改成效进行跟踪督导，从而保证人才培养质量的持续提升。

"PDCA"质量保障体系运行机制将 OBE 产出导向理论和全面质量管理理论结合起来，坚持将产出导向、持续改进贯穿于人才培养过程的始终，而且作为各项工作的基本流程，覆盖高校内部的全员、全系统和全要素。该运行机制需做到内外相互支撑，实施与改进同步，要求人才培养过程中的各项工作坚持从国家、社会以及学生的发展需求出发，制定符合实际的目标和标准，而在运行实施过程中要适时监控评价，建立基于评价结果的持续改进机制，并依据校内外各利益主体的满意度对质量目标、标准、实施等环节进行修正，或根据新的发展需求重新制定相关程序环节，实现螺旋上升，最终达成人才培养目标。构建常态化质量运行机制，是质量保障体系各个层面、各个环节实施成效的基本程序。

（三）构建内外两个质量信息反馈闭合系统

把高校人才培养全过程看成一条主线，校内不同主体在质量建设中发挥不同的作用，共同保障人才培养质量。学校教学管理部门、二级学院和课程教研室分别负责控制教学活动的不同层级目标，共同监督教学活动的状况；教师负责执行教学任务；学生负责专业知识学习，并在教学活动中进行专业技能培养，从而最终达到人才培养目标。落实"学生中心"理念，一切教育教学活动以学生的学习与发展需求为出发点；落实"产出导向"理念，结合国家、社会、学生和企业的发展需求，反向设计学校人才培养目标、专业培养目标和课程目标，实施教育教学和管理活动；落实"持续改进"理念，以在校生课程学习成效和毕业生及用人单位满意度两个评价为依据，将课堂教学目标达成情况和专业培养目标达成情况分别反馈回目标设定环节，形成质量信息内部、外部两个反馈闭合系统（图3-2）。

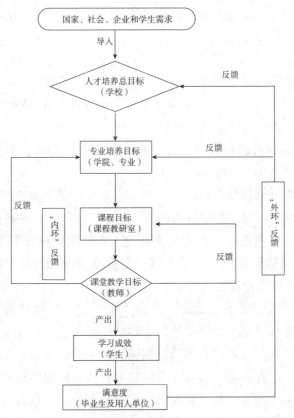

图3-2　"内外环双闭合"运行图

（1）内部质量保障闭合系统（简称"内环"）。该闭环聚焦在校生课堂教学目标达成，在日常教学过程中常态化运行，可以进行教学质量实时监控、评价与改进工作，是学校内部教学质量保障最具时效性的闭环管理。课程教研室依据专业培养目标和毕业要求设定课程目标，然后在师资队伍、合作与实践、教学资源条件以及学生指导等系统支持下实施课程教学活动，开展教学过程监控与评价活动，从而了解产出课程达成情况和学生的学习体验，并将相关质量信息反馈至课程教研室，用以对比预设的教学活动具体目标，进而调整教师教学活动，提高教育教学质量，以形成内部质量保障闭环。

"内环"质量管理的主要责任主体是课程教研室、教师、学生以及校院两级的质量保障机构，质量控制的重点工作内容如下。

第一，开展课堂教学督导活动。监督检查教师的教学情况，监督教学环节的布置、教学内容的处理和教学方法的选择，指出不合理的地方，提出改进建议，帮助教师提高教学效果。

第二，广泛听取师生意见。一方面，建立学生信息工作人员队伍，定期、不定期地了解教师的教学活动和学生对教学活动的看法；另一方面，学校质量保障机构定期对学生进行学习效果评估，及时了解教师对教学的反馈和期望，及时处理这些信息，反馈给学校和课程教学。

第三，及时进行课程教学指导。组织各类教学竞赛，树立良好的教师典型，为提高学校整体教学效果提供榜样。

第四，加强课堂教学质量信息反馈。定期发布质量监测报告，公布学生教学检查和教学评价结果，介绍优秀的教学经验，激励和指导教师。

第五，监督反馈信息的改进落实情况。在教学信息和学生反馈管理方面，学校质量保障机构负责监督各相关部门的落实情况，并将结果及时反馈给师生，坚持师生反馈贯穿课程教学的始终。

（2）外部质量保障闭合系统（简称"外环"）。该闭环聚焦毕业生培养目标达成，以教育行政部门的周期性教学评估、学校委托的专业评估、专业认证以及学校定期开展的人才培养质量跟踪调查为主要内容，并基于学校外部主体检验阶段性人才培养质量。学校、学院、专业等责任主体依据学生发展和外部需求，开展制定培养目标和毕业要求、实施课程教学、资源建设与配置、质量监控评价、反馈和改进等方面的教育和教学活动，从而产出毕业要求和培养目标，然后政府部门、毕业生、用人单位、第三方机构等外部责任主体对培养质量进行外部评价，并将专业培养目标达成、毕业生和用人单位的满意度等质量信息收集、整理后反馈至学校、学院（专业），以对比预设的人才培养总目标和专业培养目标，进而调整教学活动具体目标，强化师资队伍、资源支持、行政服务与学生管理等保障措施，不断改进提升，最终形成外部质量保障闭环。

内、外部两个闭合循环系统，远近结合，反复循环，便于实际操作，实现了内部在校学生与外部毕业生两个质量生成主体同步监测，聚焦课堂教学目标和专业培养目标，实现了常态化的日常监测与周期性监测同步实施，益于不同节点实现质量保障目标。

五、主要特征

产出导向的"三级四环双闭合"教学质量保障体系具备立体式、可操作、可控制、动态性的特征，各个环节之间既逐级递进又相互影响和彼此促进，可以多次循环，反复促进和提高，为新时代人才培养提供保障。

（1）立体式。该体系构建涵盖学校、学院、课程教研室三个层级以及校内、校外两个反馈闭环，学校内部因素（教师、学生、专业、课程、教学资源等）和外部因素（政府、社会评价等）通过直接和间接的联系，按照结构化的关系，在教学质量保障体系中共同发挥作用。

（2）可操作。该体系不管是学校、学院、课程教研室三个层级，还是体系运行的目标决策、运行实施、监控评价和反馈改进四个环节，以及内外质量信息反馈闭环都具有相对的独立性和可分解性。在实践操作过程中，每个环节都有明确的教育教学工作流程、标准和目标导向，多方利益相关者遵循一定的教育教学活动规律、教育制度政策等，不断协商、调整和纠正，促使教学质量不断提高。

（3）可控制。该体系将质量标准当作质量保障体系的"牛鼻子"，以建立完善的质量标准体系为教育教学活动持续发展的必要前提，并将其当作衡量人才培养质量的尺度、准则与依据，实现质量保障体系对人才培养的强力支撑与有效助推。另外，"内环"聚焦课堂教学目标达成，通过校院两级的教学督导，将学生的意见、建议实时反馈给教师、教研室等教学责任主体，实现常态化的监控保障；"外环"聚焦培养目标达成，将毕业生和用人单位满意度周期性反馈给专业、学院和学校，实现基于产出导向的持续改进。

（4）动态性。该体系坚持持续改进的基本理念，通过科学合理的组织管理，追求教学质量的持续改进，形成基于一定质量保证范式的质量文化，实现绩效管理优化，从而达到提高质量的目的。除了在整个体系运行过程中坚持动态保障教育教学质量外，还要通过适时加强对体系本身的"元评价"，使体系自身处于动态的持续改进之中。

六、核心环节

虽然每个高校的教学质量保障体系都不是千篇一律，而是符合校情、各有特点的，但是，一个科学有效的教学质量保障体系在运行过程中，基本上都遵循 PDCA 循环，并在反复循环中不断完善。产出导向的教学质量保障体系在建设过程中要重点关注七个共性的核心环节。

（一）质量标准的制定是前提

构建教学质量保障体系的前提是设定质量目标、完善科学合理且易于操作的质量标准，并制定与之相对应的管理制度。标准作为质量评价的依据，具有可量化、可监督与可比性的特点，是衡量工作质量的准则，是一种基本的、通用的质量衡量"标尺"。高校要根据国家、行业标准要求，立足自身培养目标实际，坚持以学生为中心的基本理念，建立教学育人全方位覆盖的质量标准体系。要以质量标准的制定和遵守为核心重塑质量文化，并对校内质量标准体系进行动态调整，修订和完善教学各主要环节标准、教师发展评价标准、学生成长与发展评价标准以及社会服务评价标准等。同时，建立标准落实监测督导机制，以标准为牵引推动人才培养质量的提升。

（二）条件和政策保障是基础

教师、经费、场地、设施、信息化建设以及激励教师用心从事教学工作的政策制度，是人才培养质量的基础保障，决定着教育教学活动能否顺利开展。教学过程中影响质量的关键控制点不只是二级学院或者专业的事情，具体制度设计、工作量计算、场地提供、资源后勤等各环节，都需要教务处、人事处、后勤处、信息中心等部门通力合作，全员全过程参与。

（三）过程管理是重点

人才培养是一个过程，目标管理不能简单替代过程管理。规范管理的依据是规章制度，所以要完善学校管理相关规章制度，建立激励机制，充分调动师生教学的积极性、参与质量建设的主动性，并促使其自觉追求卓越的质量文化。只有坚持教学质量动态过程管理，促进学校内部实现资源合理配置，保证人才培养工作正常运行，才能全面提高人才培养质量。高校应致力于促使学校质量保证体系建设从粗放型管理向精细化科学管理转变，从定性关注向定性与定量相结合的关注转变，从外观关注向内涵关注转变，从局部关注向全过程关注转变，从体系建设向质量文化的形成转变。高校通过探索科学的质量持续改进之路，实现人才培养全过程的闭环质量控制。

（四）常态化自我评估是关键

常态化的自我评估制度，体现高校自律、自查、自纠，追求卓越的质量文化。高校要面向学校发展目标、人才培养目标、课程目标的达成，将定量和定性评价、内部评价与外部评价结合起来，贯穿学校、学院、专业、课程等层级，覆盖学生、教师、管理人员、毕业生等全员范围的自我评估体系。要特别注意学生和教师对教学质量的评价、用人单位和毕业生对人才培养质量的评价。还要发挥第三方评价的作用，定期开展对教学、学科、专业和课程等的专项评估。另外，要借助信息化手段，建设校内数据监测平台，充分发挥数据对教学状态的常态化监控作用。

（五）持续改进是落脚点

改进工作是质量保障体系建设的初衷，也是质量保障体系的落脚点。总体来说，教学质量保障体系的实质是组织通过整合内外部教学资源，协调教学过程的方方面面，构建教学质量自我监控、自我激励、自我提高、自我发展的质量文化，构建一个动态的、可分解、可操作、可持续的质量管理闭环系统。所以，校院两级应有充足的督导队伍，既督又导，既督教督学，又督管；同行和专家评价应覆盖所有教师；各二级学院和职能部门有明确的职责分工与联系，关注实时反馈与持续改进活动的落实。

（六）质量文化是内生动力

高校应不断提高"自觉、自省、自律、自查、自纠"的教育教学质量意识，立足人才培养的利益相关者、责任主体和评价方式等多样化，建立以质量管理部门、教学督导组、教学质量报告、教学运行报告、教学质量周报为基础的质量文化宣传机制，致力于推动全体师生将"质量至上"当作内在追求和外在行动。

（七）"元评价"是保持体系有效性的关键

"元评价"，即对质量保障体系的组织机构、运行和标准等环节本身进行的评价。通过建立定期的质量保障体系，以运行实施有效性的"元评价"，才能使学校质量保障体系能够自我改进、自我完善，促进校内外要素有效结合、具备自我升级能力。

第二节 "三级覆盖"：高校内部教学质量保障组织体系建设

建立内部教学质量保障组织体系是完善教学质量保障体系、明确质量建设的主体责任、促进管理体系现代化的重要举措。在高等教育"质量为王"的背景下，越来越多的高校认识到建立独立的内部教学质量保障组织的重要性和必要性，纷纷设立了如质量保障办公室、质量监督与评价中心或质量监督和评价办公室等质量保障专门机构。高校内部教学质量保障组织机构作为质量保障体系的执行、监测、评估与管理机构，必须切实维护其合法性、独立性、专业性和权威性，才能充分确保体系运行的有效性。

一、高校内部教学质量保障组织体系的基本框架

产出导向的教学质量保障体系的正常有效运行，要求高校内部的全体人员各负其责、密切配合。要实现这一目标，必须积极开展组织建设，确保各项工作顺利进行。按照师范类专业认证的理念与要求，高校要落实教学中心地位，坚持以服务学生学习和发展的产出为目标，立足部门职能职责，根据教学质量保障体系的实际需要，遵循多方协同、科学有效、强化支撑、相互协调的原则，进而按质量保障体系运行的目标决策、实施生成、支持服务、资源建设和监督控制五个环节，分别成立五个子系统（图3-3）。

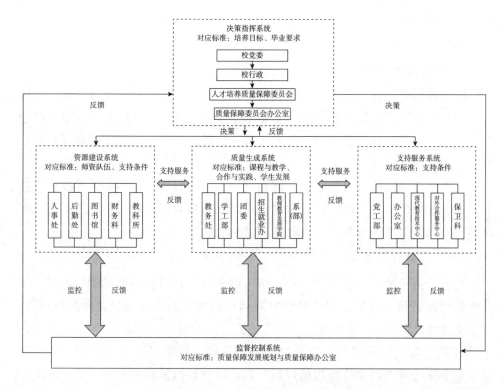

图 3-3　内部教学质量保障组织体系框架及运行图

（一）决策指挥系统

此系统由校党委、校行政以及校教学质量保障委员会组成，是学校教学质量保障体系的最高指挥机构，全面领导学校教学质量保障体系建设。根据国家政治、经济和社会发展的要求，明确质量目标，制定评价标准，建立监督环节，指导各类评价，注重反馈改进，及时制定或调整政策措施，解决教学决策中存在的主要问题，从而实现对学校人才培养质量的有力管控。

（二）质量生成系统

此系统由教务处、学工部、团委、招生就业办以及各教学单位（学院）组成。本系统根据学校办学定位与目标，制定人才培养专项规划，健全教学各环节质量标准，修订人才培养方案和教学运行制度，优化课程体系，实施课堂教学，将学校人才培养目标落实到人才培养全过程；根据人才培养实际向资源建设系统、支持服务系统反馈相应需求信息，并根据监督控制系统反馈的相关情况持续改进，同时向决策指挥系统反馈人才培养工作实施情况，持续提升教育教学工作水平。

（三）支持服务系统

此系统由党工部、办公室、现代教育技术中心、保卫处、对外合作服务中心、继续教育部等职能部门组成。本系统围绕学生成长成才的发展需求，结合处室职能，力求做好思想政治工作和干部队伍建设工作，致力于健全学校规章制度，搭建信息化建设、社会服务和对外交流平台以及完善校园安保系统，为教师发展、学生发展、专业建设、课程建设、运行管理、生活保障等提供支撑与服务，并根据监督控制系统反馈的相关情况持续改进，同时向决策指挥系统反馈支持服务工作实施情况，不断提升服务水平。

（四）资源建设系统

此系统由人事处、后勤处、图书馆、财务处、教科所等职能部门组成。本系统围绕促进学生发展、保障教学良好运行的实际需求，加强教师队伍建设、办学基础条件建设（含教学设施、工作设施、学习设施、实训基地、教学资源、生活设施、信息化条件等）以及教学经费保障，特别是从人力资源、办学资源、财务支持等方面形成有力的保障机制，并根据监督控制系统反馈的相关情况持续改进，同时向决策指挥系统反馈资源建设工作实施情况，不断提升保障能力。

（五）监督控制系统

此系统主要由质量管理机构、审计监察处负责实施，主要承担质量监控、质量评估、教学督导、数据分析、信息反馈、决策咨询与效能督察等职能。本系统根据学校办学目标、教学规章制度、教学各环节质量标准等要求，对人才培养核心环节、教育教学资源建设等进行过程监控，将收集到的质量信息和评价结果反馈到人才培养各环节，并向决策指挥系统反馈质量保障工作实施情况，为持续改进人才培养质量提供咨询服务。

二、高校内部教学质量保障专门工作机构

产出导向的高校教学质量保障体系，除了普通高校所属的行政、教学机构外，还应建立多个具有特色的质量管理专门组织，并通过明确各组织的权利和责任，为不断提高教育教学质量提供强有力的组织保证。

（一）学校层面

学校是教学质量的直接责任主体和评价主体，完善质量保障组织体系是学校开展质量保障工作的有效手段和重要内容。

（1）发展咨询委员会。为及时了解国家、社会和企业对人才的需求，搭建协同育人平台，提高教育教学质量，达成人才培养目标，需成立发展咨询委员会。咨询委员会由政府部门、行业企业、专家和学校领导组成。发展咨询委员会定期或不定期地举行会议，讨论学校发展方向、软件和硬件建设以及人才培养模式等重要问题。发展咨询委员会的工作为确定学校的定位和发展目标，以及制定人才培养方案提供意见、建议。

（2）学术委员会。学术委员会是一个学术审议机构，由具有副教授及以上资格的专家代表组成。其主要职责是在校长的领导下，对教学科研计划进行审查，对教学科研成果和其他相关学术问题进行评价。学术委员会在教师专业建设和教学科研中发挥着主导和基础性作用，促进了学术民主，开展了学术交流活动，提高了学校的科研教育教学水平，促进了学校教育事业的发展。学术委员会在制定教学质量保障体系目标、组织审查各专业发展计划和人才培养方案等方面发挥着重要作用，为教学文件的编制提供指导。

（3）教学质量保障委员会。教学质量保障委员会在学校学术委员会的框架下成立，全面负责学校质量保障体系建设的各项工作，研究决定学校质量建设规划、质量管理组织架构、质量规章制度审定、质量文化建设等相关问题。下设办公室，挂靠质量管理部门，具体负责学校质量保障体系的框架设计、制度建立与运行监控；负责审核并最终通过各有关部门制订专业、课程、教师、学生等方面的发展质量标准，并就学习与教学标准提出建议；负责制定质量建设实施方案和工作方案；负责组织各项教学评估；负责采集、统计、分析有关教学质量方面的数据和报告；负责质量保障委员会日常事务的组织、协调和联络服务以及委员会交办的其他工作。

（4）教学工作委员会。为了进一步推进教学管理的科学化，提高教学管理水平和办学效益，深化教学改革，适应学校和社会发展的需要，教学工作委员会得以成立。教学工作委员会可保证学校教育教学正常运行，为教育教学正常发展提供组织保障。另外，为体现对教学工作的支持，建议在教学工作指导委员会之下建立跨部门的质量保证工作联席会议制度，促进问题即时反馈与解决，并定期举行工作会议，增强跨部门协作，特别要协调行政管理、后勤服务等职能部门，共同解决教学质量及教学保障问题，为学生提供高质量学习环境，真正落实教学中心地位。

（5）教师发展中心。教师发展中心是在学校教学质量保障委员会框架之下设立的，致力于构建教师发展体系的辅助性机构。其主要负责搭建教师专业成长和职业生涯发展路径平台；梳理教师发展标准，引导教师加强教学学术能力，开展培训、教学研究等多种服务，切实加强教师核心职业能力；建立教师成长档案，进行教学资源共享，不断促进教师专业发展水平的提高。在此基础上，要强化教师发展中心作为"教育发展者"的角色，为教与学的个性化问题提供示范和指导，促进卓越教学。

（6）课程发展中心。课程发展中心是在学校教学质量保障委员会框架之下设立的，致力于课程开发与建设的辅助性质机构。主要负责课程发展与增量管理；根据学校顶层规划需要，通过委托课题或项目建设方式定向开发系列优质课程，包括校企合作开发课程、在线开放课程；根据专业建设与改革内容，制定课程建设的量化考核评价指标，主导产出导向教育理念的落实与研究，优化课程教学团队，重构课程体系、建设课程资源、设计课程教学、监测学习效果；推进课程评价方式的改革，以落实有效课堂，促进有效学习。同时，其可促进课堂教学质量提升，为专业和学生的发展提供保障。此外，还可以将学生课外活动明确地当作"第二课堂"纳入学分化管理，落实学生课外拓展活动与专业人才培养目标、教育目标的契合性，并使其起支撑作用。

（7）学生发展中心。学生发展中心是在学校教学质量保障委员会框架之下设立的，致力于落实学生中心地位、统筹学生发展合力的辅助性质机构。主要负责制定完善学生管理与服务相关制度，开展思想政治教育工作；着力解决学生发展与成长诉求，统筹整合校内外资源，提升服务管理水平；协调涉及学生成长的各类"第二课堂"活动与课堂教学活动，推进思想政治教育在学校教育教学全过程中的渗透；开展学生素质能力养成监测评价；推进学生管理机制改革，实现教书育人、管理育人、服务育人的有机统一。

（8）教学督导团。教学督导团是在学校教学质量保障委员会框架之下设立的，致力于开展日常教学监控、督导与指导的辅助性机构。其通过引入权威的专家作为团主席或总督导，统筹开展工作。督导团的成员方面，既要引入学术型专家，也要引入行业企业管理专家及技术专家，尽可能做到专业对口、分类督导。既要有一批专职的督导队伍，同时要建立一个覆盖范围相对较广的多元督导专家库，纳入各类型专家，作为专项督导的备选专家。

教学督导团作为原有督导组的升级版，使督导从原来的单一"督教"功能拓展为"督教、督学、督管"全方位覆盖，并通过连续性督导及专项督导实现对教学全过程的监督。同时，也要着力推动督导转型拓展，使督导成为教学改革的促进者。

（9）学生信息员队伍。学生是教学的主体，是学校教育的最大利益相关者和"消费者"，他们的信息反馈可以客观地评价教学水平和教学效果。高质量的质量保障体系必须全面加强学生的参与，充分发挥学生在质量保障体系中的中心地位和作用。为了及时、准确地了解教师课堂教学和学生学习的情况，为教学评价和反馈提供依据，学校应成立一支由学生组成的信息员队伍，支持学生更多地参与质量保证和提升活动，拓宽学生表达意见的渠道，建立畅通的利益诉求机制，尊重学生的价值标准和利益，为教学质量的持续改进提供重要的保障。

（二）二级学院（教学单位）层面

二级学院作为教学质量保障的实施主体，在教学质量保障体系中发挥着重要作用。因此，要构建适合本教学单位实际情况的质量保障组织机构，指导和支持专业和课程教研室开展工作，为整个质量保障体系发挥作用奠定基础。

（1）学院教学质量保障工作委员会。学院教学质量保障委员会是二级教学单位教学质量保障工作的领导组织。二级学院院长、书记是本单位人才培养质量第一责任人。通过建立学院教学质量保障工作委员会，完善二级监督机制和同行评议方法，可进一步落实学院教学质量保障的主体地位。各学院应确定自己所属专业的培养目标，制定符合实际的课程建设标准，监控教学实施过程，开展教学评价和自我监测诊断。院长和专业带头人对专业质量负责，专业带头人和课程带头人对课程质量负责，教师对课堂教学质量负责。学院教学质量保障工作委员会的决议通过学院党政联席会专题会议研究，由各教研室及全体教师落实实施。

（2）专业建设指导委员会。该委员会是指导各专业建设和人才培养实际工作的职能组织。委员会定期召开会议，讨论人才培养的目标、模式、方案以及课程改革等专业建设过程中的重大问题，并讨论教师的引进和培训、校企合作项目、学生实习或培训项目，对人才培养方案、毕业生就业等具体问题进行探讨，研究解决办法。另外，该委员会还可以为专业培养定位、课程建设和教师教学活动提供指导，在校企密切合作、提高人才培养的适应性等方面发挥着重要作用。

（3）二级学院教学督导组。学院教学督导组作为二级学院教学质量监控的专门组织，是学校督导团的重要补充，合力形成对提升全校教学质量的有力保障。其由学院领导、资深教授、教研室主任等组成，对本学院教师课堂教学、学生学习以及教学效果等方面的质量进行监测、评价与督导，有利于促进教学管理工作规范化，保障良好的教学秩序和学习氛围，实现教育教学质量的持续提升。

（三）课程教研室（基层教学组织）层面

课程建设与实施是实现人才培养目标、毕业要求和课程目标的关键要素和核心支撑，课程与专业、教师、学生等基础教学单位紧密相关，加强课程教研室建设对质量保障目标的实现有很重要的作用。

课程教研室是教学质量保障的直接工作主体，在教学质量保障中发挥着基础性作用。其主要职能是：制定和实施课程开发和课程建设，不断提高课程在学生通识教育中的作用，培养创新创业能力，提供专业支持等；组织课程教学，保证教学正常有序运行；组织有效的教学研究与改革，开发相关的教学资源（如教材、网络资源开发等），利用教学资源进行课堂教学模式改革，开展研究性学习活动，培养学生的创新能力；根据课程标准建立和实施课程质量保证体系，通过评价、反馈和改进，不断提高课程质量；制定并实施课程团队教学能力提升计划，通过教学研讨不断提高课程团队教学水平；完成与学校课程建设有关的其他任务。

课程教研室作为一个基础的教学组织，其工作的主要目的是建立和实施一套完善的课程内部质量保障机制。首先，在学校通用课程质量标准的基础上，按照学科、专业、课程中的自我评价方法，对课程进行有效的自我评价，及时发现课程中存在的问题并提出改进建议。其次，形成闭环的持续改进体系，即根据、学校和自我等的评价结果，不断改进教学方式方法，保证课堂教学质量持续改进，实现课程目标，进而有效支撑毕业要求和培养目标的达成。

三、高校内部教学质量保障组织体系有效运行的保障机制

高校通过建设丰富的服务资源、科学的管理体制、高效的行政服务和优良校园文化，为办学目标实现和人才培养质量提供重要保证。在产出导向的"三级四环双闭合"教学质量保障体系中，学校层面重在通过加强对组织体系、管理制度、资源条件和质量文化等方面的建设，为整个体系的有效运行提供支持、服务与保障。重点工作在于：优化学校、学院、基层教学组织等多个层面的质量保障体系结构，落实责任人，形成"目标—标准—实施—监控—评价—反馈—改进"质量保障运行机制；行政部门作为执行机构，主要负责计划、组织和调控；加强教学质量管理队伍建设，管理队伍包括校院两级教学质量保障委员会、教学管理队伍、教学督导以及学生信息员队伍等；定期修订、完善教学管理规章制度，为教学质量保障提供政策和法定依据；加强师资队伍、教学经费、教学条件、实训基地建设以及信息化技术等方面的建设，为教学质量的提升提供有效的资源保障；注重内涵建设，培育持续改进的质量文化，凝聚质量自觉的广泛共识，不断提高全校师生投入质量建设的内生动力。

（一）管理制度保障

制度是教学质量保障体系有效运行的根本保证。教学管理制度是对学校长期教学管理实践经验的规范总结。在教学管理过程中形成的办学经验以制度的形式固定、传递，可以明确教师和管理者的职责和权限，深化学校内涵，形成学校特色，从而提高人才培养质量。

从规章制度上能看出学校的管理水平。目前许多学校在规章制度建设上存在三个问题：系统性、科学性不够；规范有余，激励不足；建章易，落实难。许多学校规章制度只强调规范管理，而在如何调动广大教师内在的积极性方面的制度太少。因此，应该完善以激励机制为核心的学校管理制度体系，通过建立科学有效的激励机制，引入竞争约束机制，对教师、学生和管理人员的工作进行考核与奖惩，创造公平公正的工作环境，增强高校师生积极参与质量管理的意识。

（1）教学质量建设激励制度。通过加强精神激励、物质激励、发展激励和目标激励，建立包括教学新人奖、教学优秀奖、教学成就奖、教学成果奖、教学荣誉奖、教学技能竞赛奖等在内的教学奖体系，充分调动和激发教职员工投身教学、潜心育人的积极性、主动性和创造性，形成追求卓越教学的氛围，为质量保障体系稳定运行提供有力的动力保障。另外，要设立教学保障先进个人奖项，专门奖励为落实教学中心地位、保障教学质量做出贡献的教辅、后勤部门人员。

主要制度包括：优秀教师评选与奖励制度；优秀教学管理人员评选与奖励

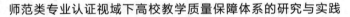

制度；优秀教材评选与奖励制度；优秀教学成果评选与奖励制度；基础课重点建设课程评选与资助制度；专业课精品课程评选与资助制度；学生创作、设计优秀作品展评与奖励制度；学生毕业论文、毕业设计展评与奖励制度等。

（2）教学质量管理制度。主要包括校院两级的教学督导工作办法；校院两级的定期教学检查制度；实践教学、顶岗实习等教学关键环节专项检查制度；考风考纪检察制度；教学事故认定及处罚制度；学生评教制度；人才培养质量达成度评价制度；教学质量随机问卷调查制度；教学质量投诉制度；毕业生质量跟踪调查制度；教学质量信息分析、处理、反馈和公示制度；领导干部听课制度；专职督导人员听课制度；课程研讨观摩制度和教学巡查制度；质量年报制度等。

（3）教学组织与管理制度。教学管理人员岗位职责、教学管理人员聘任制度、教学管理人员年度工作考核细则、教学管理人员培训制度、学籍管理实施细则、教学档案建设与管理制度、人才培养方案的执行与管理制度、教材管理制度、各类课程考核与管理制度、实习实践教学管理制度、毕业论文和毕业设计管理制度等。

（4）教学资源保障建设制度。主要包含教师队伍、教学资源条件建设方面。关于教师队伍建设的主要制度有：任课教师资格认定及聘任制度、外聘教师管理规定、教师工作职责及工作量管理条例、教师教学行为规范、教师年度工作考核细则、教师继续教育的相关制度等。关于教学条件建设的主要制度有：教学经费保障制度、图书资料使用效益保障及管理制度、教学仪器设备和实验室使用效益保障及管理制度、教室使用效益保障及管理制度、网络信息中心教学服务效益保障及管理制度、各职能部门教学服务保障及管理制度等。

（二）资源条件保障

教学资源质量是教学质量保障体系运行的基础。资源条件保障主要包括教学经费保障、师资队伍保障、设施条件保障、教学资源保障四个方面。

（1）教学经费保障。教学经费保障是教育教学运行和可持续发展的基本条件，学校应投入充足的经费以保障人才培养的各个环节顺利实施，并保证经费不断增长，要实施教学经费管理规范使用和绩效评价制度。学校通过设立专项经费，重点补齐建设与改革发展过程中发现的共性短板，也可尝试在基本经费的基础上，采取激励措施，如通过绩效考核的方式，将更多经费投入办学效果好的专业、课程中。

（2）师资队伍保障。在保证专业建设需要的师资数量的基础上，着力加强师资队伍的内涵质量建设。加强在职教师培养培训，具体以学校培训为主体，同时有计划地选派优秀教师和青年教师参加职业培训和业务实践，鼓励教师提高学历，取得职业技能证书，不断提高教师的专业能力和综合素质。加强专兼职相结合的教学队伍建设，制定和完善兼职教师的聘用、管理和合作制度，建立校外兼职教师数据库，实现兼职教师承担专业主干课程和实践技能课程的目标。实行"双导师制"，为每位兼职教师安排一名专职教师担任助教，帮助兼职教师完成教学工作，学习新知识、新技术，共同提高教学质量。

（3）设施条件保障。其基本要求是与教育教学活动相关的教室、实验室、图书馆、体育设施、校园网等软硬件设备设施，能够满足教学正常运行的需要。图书馆、实践教学中心、学科教学实验室等部门为学生能力培养提供硬件设施。在建设过程中，教师应根据教学需要和学生一起进行"二次开发"，提高师生的实践能力，同时还需要完善设备设施维护、使用、更新的管理制度，并最大程度向学生开放使用。

（4）教学资源保障。学校应提供足够的教学资源，支持教学环节，建立教材数据库和优秀教学案例数据库。此外，学校和专业应共同规划建设或购买教学资源（包括数字教学资源、网络课程等），如收集优秀毕业生的工作视频、设计案例等，以鼓励学生积极学习和自主成长。还要加强教学资料室建设，根据教学年度分别编制教学日历、教学过程、课程标准、教学计划、各类教学实施材料、学生作业等丰富的教学材料。

（三）信息化保障

质量保障体系的有效运行需要强有力的数据支持，有效掌握学校办学数据信息是质量管理的基本前提。数据来源不仅包括高校内部运行的基本情况、人才培养各个环节的实施情况和效果考核情况，还包括其他多学科教学质量考核的数据等。因此，在建成校内有线网络和无线网络全覆盖的基础上，要聚焦教学质量工作的手段改进，重点建立基于大数据的校本大数据平台和教学质量监测平台。同时不仅要强调数据之间的横向对应关系，而且要分析监测数据随时间变化的趋势，充分发挥数据库的监测支持和改进功能。

（1）构建校本大数据平台。建设以学校为基础的大型数据中心，建设集课堂教学、教师教学、学生学习、教学运行、反馈控制、家庭与学校沟通、学校安全管理为一体的信息管理系统。构建移动智能在线学习平台，构建信息化教学环境，突出课前、课中、课后三个环节，创新课程教学方式。突破内部"信息壁垒"，实现校内各类信息资源的实时采集、共建共享，实现数据平台状态数据的自动采集、分析和上报。加强信息技术在质量管理中的应用，充分利用现代信息技术，注重质量生成过程分析，为学校教育教学提供数据支持，保障质量管理和科学评价。

（2）建立基于大数据的质量监测系统。创新质量保证工作方式，建立以数据和事实为基础的质量监控与评价体系，形成基础信息、基本情况、教师信息、学科专业、人才培养、学生信息、教学管理和质量监控七个模块的数据采集系统，建立集数据采集、分析挖掘、实时监控、报表发布于一体的大数据监控平台。建立教学质量在线监控系统，如学生的日常出勤情况、学生的每节课检查情况、教师的月度考核情况、学生教学的最终考核情况、反馈情况和及时改进情况等。在监测数据的基础上，每年定期对质量进行诊断、评价和总结反馈，使质量保证模式从经验和惯性思维转变为以大数据、统计规律和事实判断为基础的科学模式，实现了质量保证从经验到科学、从综合管理到精细管理和控制的转变。

（四）质量文化保障

教学质量既是价值层面的大学精神追求，也是实践管理层面的底线保障，更是一所大学的文化建设。要建立一个长期的质量保证机制，除了现有的制度、程序、标准和技术等"硬标准"外，还需要一个所有参与质量建设的人都要积极追求卓越的内在驱动"软约束"因素。这个因素就是质量文化，它是指在教育教学过程中全校师生形成的观念、价值、行为、制度等一切精神和物质层面的完整体系。把质量文化建设融入人才培养的全过程，以引导高校全体成员的价值追求和行为取向，是高校质量建设的内在动力，更是高校赢得社会声誉和竞争力的有效保障。

（1）提升质量意识文化。建立质量保障体系的本质是形成追求卓越的质量文化。人才培养最终需要落实到具体课程或实践活动中，因此质量文化的建立过程其实是帮助每位教师、管理者和学生树立质量意识的过程。高校应将先进的质量建设理念和目标，通过专题讲座、报纸、宣传栏、网络平台等多种形式，纳入学校全面质量文化建设当中。

（2）建立质量标准文化。在推动质量文化建设的过程中，设置专业要先树立标准意识，具体不仅要对师范类专业认证标准进行充分研究，还要在此基础之上结合本专业特点，建立各教学环节的具体质量标准。目前，健全的质量标准已然成为世界各个国家高等教育质量保障的基础，形成了更加强调质量标准的质量文化。以标准为行为准则是提高人才培养质量的核心，所以要明确以标准为基础的质量保障体系的形成路径，通过完善人才培养各环节的质量标准体系，推动管理人员、教师和学生自觉审视自身的行为活动，不断接近标准的目标，形成"自我反思、自我约束、自我考核、自我纠正"的质量文化，实现从外在制度约束向内在自我规范的转变。

（3）推进师生质量自觉。坚持以教学为中心，充分满足师生发展的需要，建立健全学生管理制度和教师激励制度，完善教育治理体系和教学资源合理配置体系，充分发挥师生的主体意识和能动作用。根据年度校内教学评估、课程评价、新生及毕业生调查报告等，精准诊断教学问题的信息，并通过组织教学培训、鼓励教学创新、建立教学激励机制等形式，增强教师教书育人的自觉性，把提高质量的重心聚焦于课堂教学。依托学校教师发展中心，建设青年教师成长档案库，组织工作坊、教学沙龙，邀请名师一对一指导；推动翻转课堂等教学创新，设置教改项目、课程建设项目，推进线上教学资源库建设，开展"教学示范岗"评选，在校内营造严肃教学、尊重教学、热爱教学的氛围，把质量建设的重点从僵化的制度要求转向对教学质量的更深层次追求，使质量自觉成为大学的文化自觉。

（4）建设质量信息文化。不管是教学评估、专业认证，还是日常的教学管理过程中，高校或专业都收集了大量的基础数据和辅助数据，但由于信息反馈不全面、不及时以及数据内含指标解释不够，所以师生群体对学校和专业质量建设的认识与认同度不高。因此，在质量文化建设过程中，高校应重视信息文化建设，加强各类质量基础数据库的建设，充分发挥状态监测的作用，提高数据质量。同时，要畅通信息渠道，提高信息数据的开放性、共享性和使用效率，使广大师生了解学校和专业的质量现状，明确质量建设的目标，然后有意识地把学校和专业的质量问题转化为提高教育教学质量的自觉行动。

（5）建设持续改进文化。建立持续改进的质量文化不仅是师范类专业认证的一个重要特点，而且是高校构建质量保障体系的主要目标。上级有关部门应改变传统评估过程中过于刚性和直接的管理方式，调动高校开展质量保障活动的自觉性和积极性，推动质量保障活动由单纯的制度体系向文化自觉转变。在学校层面，要做好质量文化建设的顶层设计，将其纳入学校发展总体规划目标，同时明确质量文化建设的具体内容、职责安排和任务分工，形成全校上下人人关心、保证和提升质量的文化氛围。在专业层面，要强化主体意识，聚焦教学质量保障体系的良好运行，重点构建"评价—反馈—改进"质量改进闭环，促进人才培养质量持续提升。在教师和学生层面，应理解和落实专业质量建设目标和培养目标，积极主动地参与到质量管理当中，以提高教学质量与学习成效为自己工作学习的行动指南，努力实现"高质量"的个人发展。

第三节 "四环运行"：高校教学质量保障体系的 "PDCA"运行机制

一、质量目标决策体系

（一）质量目标决策体系的内涵

目标决策体系保障"适应度"的达成，即为谁培养人才、培养什么样的人才。其主要包括学校定位、办学思想、发展规划和专项规划、二级学院发展规划、专业人才培养目标、课程目标、学生发展目标与人才培养质量标准等；主要责任主体有学校管理部门、教师、学生、行业专家等。该体系是质量保障体系的顶层设计"中枢"，对其他子体系的运行起到组织决策的作用，也是一个开放的、多参与者的问责体系。在设计目标和决策过程中，要着重分解学校的规划目标、培养目标和质量标准等，并将其落实到教育教学工作中，促使学校、学院、专业、教师、课程和学生各层面的目标相互支撑，为教育教学实施做好顶层设计。

（二）质量目标决策体系的构建

学校教学工作委员会从社会需求出发，依据学校发展规划，负责学校办学定位、发展目标等方面的顶层设计。教务处在学校主管领导下，按照学校人才培养的指导思想，确立人才培养目标，完善质量标准。各二级学院根据学校制定的人才培养目标，制定各专业的人才培养目标和各教学环节的具体质量标准，明确毕业生应具备的知识、能力和素质。

（1）准确制定人才培养目标。根据人才市场需求调查，明确学校的办学定位和发展方向，确定人才培养的总体目标，指导学校人才培养工作。各专业依据学校人才培养的总体目标，在调研专业人才市场需求基础上，根据自身的资源条件、办学基础和专业特色，明确专业定位和发展规划，合理制定专业培养目标和毕业要求。

（2）完善人才培养系列标准。质量标准是教学质量的基本规范，完善质量标准是质量保障体系的建设基础。学校教学质量标准是确定学校发展方向和目标、教师队伍、教学资源、学生发展和教学质量等的规范性文件，必须服务于国家经济社会发展的需要，充分体现学校的办学定位和特点。高校教学质量标准体系由一系列不同层次的具体标准组成，而且关于学校教育教学活动的核心环节必须制定具体的、可测量的、科学的质量标准，并在教学过程中加以实施。

第一，学校发展标准。高校内部依法治校的总纲领是学校章程，其主要功能是完善高校内部治理的各项事宜，特别是在明确学校内部学术权力与行政权力、学校层面与二级单位层面的关系上发挥着重要作用。章程是学校制定教学质量标准最基本的依据，即具体回答了学校要培养什么样的人以及如何培养人的问题，是学校人才培养质量的一般规格和基本要求。

第二，教学资源建设标准。教学资源建设质量标准是根据国家标准、行业标准的一般要求，结合学校实际运行情况制定的，服务于学校教育教学活动的各类资源条件保障标准，且其主要涵盖了课程资源、教材建设、师资队伍建设以及实训实践基地建设等办学基础条件方面的标准。

第三，教学实施质量标准。教育实施质量标准通常反映在人才培养方案中。人才培养方案是学校全面贯彻国家教育方针，实现人才培养目标和规格的基本文件，是组织教学活动、设计培养过程的依据，且其主要包括了毕业要求、课程体系、实践教学体系以及毕业设计（论文）等内容，必须符合培养目标，体现学生知识、能力和素质等方面的具体质量要求。

第四，教师发展质量标准。根据教师岗位胜任的要求，制定包括师德、教育、教学、科研和社会实践在内的教师发展标准。完善新教师、骨干教师和专家教师的发展标准，建立关于骨干教师、专业带头人和校外兼职教师的评价标准，并使其与教师的考核评价和发展相结合，构建教师专业成长和职业发展路径。

第五，学生发展质量标准。依据经济社会发展对专业人才培养的需求，按照德、智、体、美、劳全面发展的基本要求，立足学生发展和成长需求，确立学生的发展标准，包括学业发展、专业发展、个人发展和社会能力发展等。

二、质量运行实施体系

（一）质量运行实施体系的内涵

运行实施体系解决"如何培养学生"的问题，有助于教育教学过程保障和教学资源保障。该体系是对目标决策的具体落实，坚持以学生的发展需求和成长目标为中心"反向设计"人才培养过程，并根据学生的学习成效产出"正向施工"。教学过程保障是保证课程和教学的有效实施和改进。根据专业"课程设置、课程结构、课程内容、课程实施"的要求，以学生的学习效果为导向，实现教学关键环节的质量保证。教学资源保障是指通过校企合作教育、师资队伍建设、软硬件资源支持等，要求高校按标准实施教育教学活动，以保证教学过程有效发展，发挥教学资源的支撑作用。

（二）质量运行实施体系的构建

运行实施体系的主要任务是组织学校教学决策的实施。一般来说，其由学校行政人员和教学管理人员共同组成。学校的各项制度、规章和决策只有得到有效实施，才能发挥其应有的作用和意义，才能保障教学质量目标的实现。人才培养的质量取决于合理的人才培养方案、实用的课程设置和有效的教学实施活动。根据标准修订人才培养方案是质量保障的前提，基于产出导向反向设计课程是人才培养质量生成的关键，以学生为中心的教学是人才培养质量生成的根本。

（1）基于质量标准制（修）订专业人才培养方案。各专业根据培养目标和国家、行业、学校制定的各项标准，加深对标准的理解，制定人才培养方案，明确人才培养的基本要求和规格，科学构建知识和能力结构，构建规划教学活动，重塑人才培养体系。要体现专业人才培养理念，并按照人才培养规律促使培养目标、课程体系、教学方法、课程评价等要素齐整科学、相互联系。原则上，人才培养方案每一届学生毕业需要重新修订审查一次。

（2）基于"产出导向"理念反向设计课程体系。"产出导向"理念要求从学生预期达成的最终学习成果出发，反向设计课程体系。通过科学设置课程体系，确定毕业要求及指标点，明确课程及实践对每项毕业要求的支撑和权重，使培养目标在培养全程中分解落实，最终对毕业要求形成整体性支撑。通过明确各门课程与培养目标之间的逻辑关系，通过构建课程矩阵图，锚定课程内容与毕业要求之间的对应关系，可以精准达成培养目标。基于 OBE 产出导向理念的课程建构处于动态持续改进之中，需要时刻关注经济社会和教育改革的新发展，持续跟踪就业岗位新需求，更新课程与教学实践，从而使课程设置、教学内容的目标指向性更强。

（3）基于"学生中心"理念开展教学活动。"以学生为中心"的理念强调遵循学生成长的规律，配置教育资源，组织课程和实施教学，即注重学生的学习成果，紧密围绕学生培养的各相关元素来组织教学。课程设计应符合学生认知发展的规律，注重学生实践能力的培养。要建立校内校外合作、专兼职结合、理论联系实际的高素质师资队伍。要立足学生的个性特点，创新改革课堂教学方式。要发挥学生的主动性，改革课程评价，强化过程性评价。从学生学习和发展的角度出发，做好教学资源的准备和配置，构建学生学习支持服务体系。

三、质量监控评价体系

（一）质量监控评价体系的内涵

监控评价体系对人才培养质量的实现程度进行保障，解决的是"如何考核和评价学生的培养质量"问题，且重点对人才培养过程中"五个度"的达成情况进行监督考核，分析诊断存在的问题，指导后续的改进。其包括内部监控评价和外部监控评价两个部分，内部监控评价要求将信息技术应用于教学质量监督评价的全过程和规范化的关键环节，分别由管理者、教师、学生和主管通过教师自我评价、同行评价、学生评价等，建立规范的教学质量监控机制，涵盖教学设计、实施和评价的全过程。外部监控评价要求通过建立毕业生监督与反馈机制、用人单位满意度调查机制等，建立包括毕业生、用人单位、教育行政部门等在内的毕业生"持续"监督与反馈机制。对"培养目标的实现、社会需求的适应性和用人单位的满意度"进行监测和评价，对专业对社会人才需求的适应性进行评价。在有效的内、外部质量监控评价的基础上，建立持续评价与持续改进的闭环，形成追求卓越的质量文化。

（二）质量监控评价体系的构建

监控评价体系是指在整个教学过程中，按照教学管理制度和教学质量评价标准，通过一定的组织和程序，对教师的教学和课堂教学意见进行检查，并对培养方案、课程体系、教学文件的实施进行分析，确保学校教学按计划进行，达到教学质量目标。目前，教学质量监控评价呈现出由内部向外部延伸，由学校单一维度向学校与产业、企业、社会多元整合互动转变的新特点，且更加关注学生"校内学习—顶岗实习—毕业生跟踪"全过程的培养质量。

高校建立完善的校内外教学质量监控评价体系，要以学生为中心，将人才培养全过程（即从生源质量—毕业生质量—职业发展质量）的培养质量视为一条监测主线，构建科学管控流程，实施闭环管理。根据教学环节质量标准要求，在对学校日常进行质量监控的基础上，以课程评价和年度教学自我评价为重点，辅以学生学习经历调查、毕业生跟踪调查和用人单位满意度调查等，同时对培养过程进行规范化的监督与评价，构建教与学的良好氛围，保证教学资源保障到位。对学校的日常教学管理提出建议，并将监控评价的结果反馈给相关职能部门、学院、专业、课程、教师和学生，为相关单位或个人的改进提供依据。

（1）内部监控评价。内部监控评价是教学质量保证体系的重要组成部分。学校通过教学督导、领导和教师同行以及学生的反馈，对教师的教学状况进行日常监控，并通过专业评估、收集基本教学状况数据、学生学习体验调查与学生满意度调查，实现对教学质量的有效控制。教学单位应当根据学校教学标准，进一步细化专业的教学环节和相关工作，监督课程实施活动、教学活动设计、学生学习过程监控、毕业论文（设计）监控、毕业生和用人单位满意度调查等。

第一，校内教学质量监控与评价工作机制。推进校院两级教学督导工作机制、校领导和教务处巡查机制、学生信息员反馈机制、数据分析与反馈机制、学生学习成效跟踪调查、学生满意度调查等监控机制落实，形成多员参与、覆盖全程的质量监控体系。不断完善教师评学、学生评教、人才培养质量达成度评价、教师考核评价、专业自我诊断、课程评价以及学生综合素质评价等内部质量评价工作机制。

第二，学校、学院、教研室三级评价体系。结合"学校、学院、教研室"三级管理模式，建立校级（校领导／学校教学督导）、处／院级（教务处领导／院领导／二级学院教学督导）、基层教学组织（教研室主任／辅导员等）组成的三级联动教学评价监控机制。校领导每学期均进行随机听课评价，在特殊时间节点（如开学、重要节假日、重要事件）还会对教学秩序进行巡查；校级教学督导每日对教学秩序进行督查；教务处领导/院领导/二级学院教学督导开展日常教学秩序巡查及其他各项专项检查、自查工作，并完成相应学时听课评价，教务处相关管理人员进行不定期抽查，进一步加强教师课堂教学纪律督查，规范课堂教学秩序；各教研室主任、年级辅导员进行例行检查，并推行听课机制，建立教学秩序巡查日志，保障教学秩序安全稳定地运行。

第三，教学检查制度。它分为定期检查、例行检查和专项检查。定期检查包括开学前教学准备情况检查、期中教学检查（课堂教学检查）和期末教学检查（考试工作检查）；例行检查包括教学的各个方面，主要包括对教师工作规范的遵守情况、教师教学情况、学生对学习纪律的遵守情况、教学实施情况等；专项检查包括招生、培养方案、课程教学、实践教学等方面的检查。

第四，教师评价。采用领导评价、教师同行评价、学生评价、教师自我评价等分级评价机制，构建"多主体、多指标"的评价体系，对教师队伍建设情况进行评价。教师评价主要包括三个方面：第一，是对教师自身成长的形成性评价，如资格、经验和结果；第二，教师对教育教学的贡献，如教学意识、参与意识等；第三，对教师队伍的管理进行评价，包括教师的师德状况、教师队伍的数量、结构和素质，以满足教学需要，根据教师的评价机制和激励机制对教师队伍进行评价、考核和奖惩。

第五，专业评估。它包括标准化的专业自我诊断和专业外部评估。要开展专业标准化自我诊断评估，贯彻"以学生为中心，以生产为导向，持续改进"的理念，开展年度人才市场需求调查、劳动力市场分析、学生学业状况分析、毕业生跟踪调查和用人单位满意度调查。根据数据分析，撰写年度职业素质分析报告。定期委托外部第三方进行专业评估，形成持续改进的质量保证体系。积极推行专业认证制度，并在国际或国内专业认证标准中进行专业认证；各专业聘请行业专家进行准确定位，提高专业建设质量标准，加强规范监测和成果监测。

第六，课程评估。它包括对课程标准化教学过程的监督、对课程目标实现情况的评价、对课程的自我评价和课程外部评估。持续对课程标准化教学过程进行监督，重点开展课程自我评价，制定评价量表，每学期进行一次课程评价，编写课程评价报告，以作为教师改进教学、从"关注教学"向"关注学习"转变的基础；建立课程目标达成度评价机制，评价过程包括确定课程目标、考核评价、评价课程目标实现程度、形成课程目标实现程度评价报告和课程改进。

第七，学生发展性评价。聚焦立德树人根本任务，健全德、智、体、美、劳综合素质评价体系。参照国内外先进高校经验，开发学校学生学习经历调查工具，开展新生调查并定期编制调查报告，为及时了解学生的学习趋势，提高教学质量提供准确的依据。根据学校人才培养目标，制定学生素质教育体系实施方案；根据学生发展规律，编制实施学生各领域多维自我诊断问卷。构建大学生第二课堂活动的网络应用平台，建立包括大学生背景、心理健康调查、第二课堂等内容的数据库，启动对大学生整个学习体验信息的实时监控。对学生的学习状况进行数据分析，并将结果应用于学生的学习适应性，纠正素质教育方案，提高教学实施效果。建立学业评价标准体系，完善考试和专业能力评价方法，探索建立过程评价与结果评价相结合的评价体系，完善实践教学评价方法，基于增量增值挖掘学生发展潜力。

第八，教学资源评估。它包括教学资金的投入使用情况以及教学设施的评估。教学经费投入使用情况评价的基本内容包括：教学经费投入是否满足教学需要；教学费用占学费收入的比例和学生人均教学费用的增加符合要求情况。教学设施评估的基本内容包括：教学设施是否符合教学要求，维护是否正常等，包括现有的教学场所、活动场所、图书馆、信息化资源等。

第九，实践教学质量评价。它包括日常监控和专项评估两个方面。实践教学日常质量监控的基本内容包括：考察各专业实践教学学时的实施情况和效果；实践教学的基本文件及其应用情况；实践教学质量水平是否全面；毕业设计（论文）的质量管理是否到位等。

第十，学生满意度调查制度。学生的满意度是反映学校人才培养质量的长期指标。教务处负责组织，对学生学习状况、学生对教学的满意度和教师教学状况进行调查；招生办公室负责组织生源情况调查；学生工作部门负责组织学生综合素质评价研究；各教学单位要完善人才培养质量监控和调查制度，定期总结本单位的教学工作，不断监测和调查学生的学习情况、毕业生的发展情况和专业满意度；教师应及时总结教学大纲、教学建设和改革效果。

（2）外部监控评价。新时代深化教育评价改革，既要考虑学生、教师等内部相关者的利益，也要兼顾政府、毕业生、用人单位和社会等人才培养外部相关者的利益。高校应积极推行与政府部门、行业企业、毕业生及家长等外部相关利益主体的密切合作，使之成为学校教学质量监控与评价的有机组成部分。同时，要建立内外部质量监控评价对话沟通机制，通过主体自治、行业自律、政府监管、社会监督等举措构建具有自身特色的教育评价体系。教学质量外部监控评价主要通过高等教育行政管理部门、用人单位、毕业生及其家长实施。它可以通过网络或入校对学校和专业的教学质量进行检查和评价，对教育教学活动、人才培养质量等方面进行客观评价。

第一，政府监督和评估。政府监督是指教育行政部门对学校的办学行为、培养情况、教学质量、社会效益等进行宏观检查、指导和评价。教育部门通过定期的系统检查、监督和评估来了解教学质量，为适应市场需要的人才培养提供指导意见。根据评估结果，采取加强投入建设、整合资源、规范指导、政策倾斜、调整布局等措施，提高学校建设水平和人才培养质量。

第二，毕业生及用人单位满意度跟踪调查。建立学校层面的与用人单位的常态联络机制，定期开展毕业生与用人单位满意度调查，加强毕业生和用人单位对培养过程的评价反馈，充分吸收毕业生和用人单位的意见和建议。开展毕业生调查活动并定期编制调查报告，为及时把握和改进教学工作提供精准依据。毕业生跟踪调查的基本内容包括：毕业生就业状况分析、毕业生发展状况分析以及毕业生社会满意度调查分析等。

第三，行业企业评价。行业企业参与评价是高校提高人才培养质量的可靠保证。主要包括：建立发展顾问委员会、校企合作委员会、专业建设委员会、教学督导委员会等，共同开展职业岗位标准与课程建设、技术骨干进课堂、毕业生实习考核、毕业生跟踪调查等活动。要建立行业企业标准，提高行业企业评价深度。建立利益分享机制，增强行业企业参与力度，围绕产教融合、校企合作出台制度文件，鼓励企业参与专业人才培养方案制定、教材与课程开发、教学活动设计、实践教学指导等实践，将企业需求纳入人才培养与评价之中。

第四，第三方专业机构评价。它又称为系统外评价或外部评价，是指在政府、学校和社会之间由专业组织进行的独立评价，与政府部门的评价和学校的自我评价相比，在独立性、专业性、公正性等方面具有独特的优势。第三方评价通常包括独立的第三方评估和委托第三方评估。大学通过购买服务促进独立中介机构、商业公司和社会组织参与教育质量评估。第三方评估机制的构建应以"以行业为主导"为理念，按照"谁来评估、评估什么、如何评估、如何利用评估结果"的总体思路，确定评估主体、评估内容、评估方法和评估结论。为了进一步适应新的教育评价改革趋势和潮流，有必要更新和转变教育评价思想和理念，在高校评价工作中积极引入第三方评价。

第五，家长和社会公众监督评价。通过建立制度化的评价渠道吸引家长和社会公众有序参与教育教学评价，如在院校治理结构中积极吸纳家长和社会公众的参与，在毕业生就业质量反馈中主动吸纳家长和社会公众对办学质量的评价，在院校办学质量评价和绩效考核中加大家长和社会公众评价的权重占比。

四、质量反馈改进体系

（一）质量反馈改进体系的内涵

质量反馈改进体系解决"如何提高学生的培养质量"的问题，实现质量持续改进的目标。它包括反馈和改进两个环节，"反馈"即对质量信息进行实时反馈，"改进"就是形成教育教学的持续改进机制。学校将以不同的方式收集的与学习成果相关的直接证据和质量改进建议，及时、准确地反馈给其他三个系统，并对整改情况实施指导和监督。

（二）质量反馈改进体系的构建

教学质量保障的目标是实现质量的持续改进，校内外质量监控评价的结果都要反馈到具体的教学环节中，形成"评价—反馈—改进"闭环，学校应积极使用评价结果，落实持续反馈改进机制。

（1）信息收集机制。学校应及时收集校内、校外各级教学质量评估信息，邀请用人单位、机构或学术团体、行业专家、学生、毕业生及其家长参加教学研讨会、座谈会、讲座、访问和问卷调查，听取领导和同事的意见，查阅教师教学文件、学生学习成绩等教学资料，充分了解学校教学的实际情况。另外，还要进一步利用信息化手段，通过建立校内数据平台，动态挖掘分析生源数据、学习经历调查数据、日常质量监控数据、课堂教学测评数据、教学状态数据和毕业生跟踪调查数据等多维数据，并对收集的信息进行整理、汇总和分析，为学校质量决策的制定提供参考。

（2）信息反馈机制。建立各种教学质量信息反馈平台，确保能够全面、快速、准确地将所有教学评价信息传递给各教学环节和责任主体，促进信息的深层次整合，然后通过平台和各种渠道进行分析和分类，撰写并发布各类质量报告，包括年度教学质量报告、学生学习效果报告、毕业生发展成效报告和社会满意度调查报告等，使学校、学生和社会清楚地了解教学信息和教学质量，保证教育教学质量。

（3）教学预警机制。它包括教师课堂教学和学生学习两个方面的预警。针对新入职教师的课程设置、学生的课程评价、学生群体的课程投诉等问题，建立课程评价的教学监控预警机制，建立访谈制度，从学校的角度给予教师具体、正式的反馈，并听取教师的意见，建立成长档案。关于学生学习预警机制，首先要通过考勤数据，改进过程评价方法，编制适合过程评价的评价量表，对过程进行全面评价，对学期进行有效预警；其次，通过对学期成绩进行预警，改进成绩的盘点和降级管理，将每学期成绩较低的学生当作下学期的重点对象，实现对成绩的早期检测、科学处理。

（4）课堂评价促进机制。标准化开展课堂合作观察和教学示范活动，进行集体课堂评价，在课堂评价中发现典型案例，发现问题，共同进步。充分发挥教师和专业带头人的主导作用，促进课堂教学评价由总结性目的向形成性目的转变，更好地了解教师的教学现状和需要，提供相应的专业培训和支持。同时，通过对课程目标达成度评价进行分析，比较课程目标与毕业要求，教师可反思教学过程，总结本学期的教学活动，改进今后的教学活动，建立教师反思报告制度。

（5）持续改进工作机制。学校教学质量保障委员会负责跟踪学校组织的评估结果，制定持续改进的总体规划并组织实施，为教学评估结果的持续改进提供咨询、指导和检查。根据评估结果，学校、专业、教研室和教师应制定符合本单位情况的教学持续改进计划，并提交改进进度报告。

第四章　运行实施：
教学管理核心环节的质量保障运行机制

第一节　思想政治教育工作

近年来，党中央、国务院发布了一系列重要文件，对推动新时代高等教育治理体系和治理能力现代化进行了顶层设计。对于高校来说，"为谁培养人、培养什么样的人、怎样培养人"，应旗帜鲜明地以立德树人为根本任务，必须明确培养德才兼备人才的基本任务，构建具有鲜明特色的高素质人才培养体系。要保证人才培养质量，就要牢牢把握党和国家教育人才的政治方向，坚持把思想政治工作贯穿于教育教学的全过程；要尊重规律，通过理论创新激活实践改革，构建有中国特色的教育理论体系；要坚持以人为本，关注人的情感发展以及知识和能力的进步，注重理论联系实践的价值意义。

一、思想政治教育工作的意义

全面加强和改进高校思想政治教育工作，保证思想政治工作的质量和效果，决定着培养什么人、为谁培养人的关键性问题，是党对高校的全面领导和培养中国特色社会主义事业接班人的一项重大政治任务，是一项实现"两个一百年"奋斗目标和中华民族伟大复兴的中国梦、培养中国特色社会主义合格建设者和可靠接班人的战略工程。

二、加强思想政治教育工作的重点举措

（一）构建"三全育人"思想政治育人体系

学校在人才培养过程中，要坚持以习近平新时代中国特色社会主义思想为指导，落实立德树人根本任务，全面贯彻党的教育方针，坚持育人为本、以德为先，以培养德、智、体、美、劳全面发展的社会主义建设者和接班人为目标，建立专兼结合、学校社会家庭相互配合、学生自我教育的管理机制。要将以社会主义核心价值观为核心的思想政治教育，贯穿于专业建设、课程教学、科学研究、社会实践、社团活动、校园文化建设、社会服务以及对外交流合作等教育教学和管理服务的全过程，积极构建全员、全过程、全方位的"三全育人"思想政治教育体系。

（二）有机融通专业教育和思想政治教育

围绕人才培养的核心任务，设置思想政治教育必修课，并将思想政治教育元素融入专业课程教学当中，推动"课程思政"与"思政课程"同向同行。通过从新生入学到其毕业离校全学程的指导帮助，以课程渗透、文化浸润与习惯养成等方式不断升华学生的理想信念、奋斗精神和爱国情怀，并通过强化知识技能训练、品德修养以提升学生的道德情操和职业认同。加强校内外各方协同育人机制建设，立足思政课程、社区德育活动、立体化导师制度、多样化的社会实践以及多学科融合的专业文化，将思想政治教育融于课堂学习之中，融于日常生活之中。

（三）成立学校思想政治教育工作委员会

为切实提升思想政治教育的实效性，学校应成立思想政治教育工作委员会。思想政治工作委员会在校党委统一领导下，由校领导和各职能部门主要负责人组成，负责统筹学校思想政治工作，对全校教职工、学生思想政治工作进行规划、组织和监督实施。在实际运行中，要着力完善例会制度、理论学习制度、委员会成员联系师生制度以及工作责任分工制度。

（1）例会制度。思想政治工作委员会全体会议每学期至少召开1次，由委员会主任主持，部署学校思想政治教育工作计划和实施方案，研究学校思想政治工作中的重大问题和重点工作。定期召开思想政治工作委员会工作会议，由思想政治工作委员会秘书长主持，根据会议任务召集部分成员参加，组织完成学校日常思想政治工作任务。

（2）理论学习制度。思想政治工作委员会定期组织委员学习中共中央、国务院、教育部和省委教育工委思想政治工作的有关文件精神，明确学校有关思想政治工作的规划任务，提高全体委员贯彻落实党中央决策部署的意识和能力，提升工作的针对性和主动性。

（3）委员会成员联系师生制度。在落实学校领导班子听思政课制度、讲形势政策课制度基础上，着力推进学校思想政治教育工作委员会委员联系班级、社团、宿舍、教职工、学生等工作，深入了解全校师生思想政治状况，全面掌握各单位思想政治教育工作的落实情况，并及时提出合理化建议。

（4）工作负责分工制度。着重强调思想政治教育工作委员会的统筹协调职能，涉及学生教育管理的具体工作由学校学生工作部负责；涉及师资队伍建设的具体工作由党委教师工作部（人事处）负责；涉及宗教及少数民族的具体工作由党委组织统战部负责；涉及思政课教学和课程思政的具体工作由教务处负责；涉及思想政治工作、意识形态工作方面的专项课题，由思想政治教育工作委员会与学术工作委员会共同审定；职称评审中涉及思政领域的理论成果，由思想政治教育工作委员会与职称评审委员会共同审定。

（四）完善思想政治教育工作考核激励机制

各级党组织和各部门要把思想政治教育工作放在第一位，逐级传导压力、逐级抓落实。学校党委把思想政治教育工作落实情况当作各部门工作考核、评价与奖惩的重要内容。

（1）将思想政治教育工作落实情况纳入干部考核。要求各党总支（支部）、各部门把思想政治教育工作纳入年度工作计划，并将思想政治教育工作的完成情况作为干部考核和岗位考核的重要内容；加强对思想政治工作的监督检查，督促勤勉尽责；实行学校党委、学院党总支和基层党组织负责党的建设和思想政治工作的书记职务考核制度，纳入党的纪律监督检查范围。

（2）将师德师风建设作为教师考核评价的重要内容。贯彻执行《新时代高校教师职业行为十项准则》，制定《教师师德失范行为负面清单及处理办法》，每年对教师进行师德评价，同时对教师进行综合评价，严格执行教师师德"一票否决制"，促进教师师德建设的规范化和长效化。

（3）开展优秀班导师、先进教育工作者评选活动。学校根据辅导员、班导师及其他教育工作者完成学生思想政治工作的情况，每年开展优秀班导师、优秀辅导员、先进教育工作者评选活动，肯定思政工作者的工作能力和工作成效，鼓励先进，激励落后，推动工作。

（4）开展德育示范生评选活动。专门设立德育示范生评定奖项，从思想政治素质角度对优秀学生进行评优并予以表彰，为全校学生树立德育标杆，引导学生积极参与学校组织的各种文明创建活动，深化思想政治工作成果。

三、思想政治教育工作质量保障运行机制

按照产出导向的教学质量保障体系运行原则，作为育人的重要工作环节，高校应加强对思想政治工作质量的监控评价力度，从目标决策、运行实施、过程监控、反馈改进四个环节对思想政治工作进行闭环控制管理，不断加强和改进思想政治工作，提升育人水平。

（一）目标决策

贯彻落实中央有关会议和文件精神，制定并实施《关于加强和改进新形势下思想政治工作的实施意见》等制度文件，明确学校思想政治工作总体目标和具体任务要求，成立工作组织。每年学校印发《宣传思想工作要点》，细化年度思想政治工作任务目标，列入部门年度目标考核。

构建学校党委、学院党总支、基层党支部三个层级的联动机制，健全全员、全过程、全方位育人工作机制，强调领导干部、专业负责人和骨干教师的"一岗双责"，要求各部门、各学院、各专业将思想政治工作纳入重要议事日程；制定《关于意识形态工作责任制实施细则》等工作文件，将思想政治工作具体任务落实到部门，将工作责任落实到个人，明确工作标准和完成时限，要求将思想政治工作任务列入年度绩效考核。

责任部门：学校党政办公室、学校党委宣传部。

执行部门：全校各学院党总支、基层党支部。

（二）运行实施

按照责任分工，学校党委宣传部拟定工作制度，设计工作方案，实时组织开展相关理论学习活动，组织师生深入学习贯彻习近平新时代中国特色社会主义思想，以及习近平总书记系列重要讲话和治国理政新理念新思想新战略，提升全体领导干部和教职员工的政治理论水平，引导师生牢固树立"四个意识"，坚定"四个自信"，做到"两个维护"；教学管理部门、二级教学单位和全体教师要注重推进"思政课程"与"课程思政"有效融合、同向同行，全面提升思想政治工作的实效性；学生工作部要多渠道开展思想政治教育活动，加强对

学生理想信念教育和核心价值观的引领，提升学生的思想政治意识与水平。

责任部门：学校党委宣传部、学生工作部、教务处。

执行部门：全校各部门、各学院，各党总支、基层党支部。

（三）监控评价

为了使学校的思想政治工作质量和效果得到有效保障，学校应制定和完善相关工作制度，加强对思想政治工作开展情况的监控，确保党的教育方针和社会主义办学方向得到全面贯彻落实，并对学校各单位的思想政治教育工作成效进行评价考核。教学管理部门要加强对专业课程设置、教师课堂教学内容、教学过程以及学生评价等方面的监控评价。教师要将思想政治教育内容纳入学生的课程考核评价过程中。教学督导组要对教师课堂教学与思想政治教育融合情况加以督导，并适时开展"课程思政"专项督导工作。

责任部门：学校党委宣传部。

执行部门：全校各部门、各学院，各党总支、基层党支部。

（四）反馈改进

为准确掌握思想政治教育质量信息，在课堂教学中实行校院两级督导听课制度基础上，还要通过座谈会、个别谈话、问卷调查等方式，广泛收集师生对学校思想政治教育工作的意见和建议，了解教师和大学生的思想状况，指导有关部门及时完善制度机制，调整工作思路，提升师生思想政治教育工作的针对性、科学性和实效性。根据学校总体部署，定期针对大学生和教师的思想政治状况开展调查活动，分析调查结果，总结存在的不足，实施改进工作。

责任部门：学校党委宣传部、学生工作部、督导室。

执行部门：全校各部门、各学院，各党总支、基层党支部。

四、思想政治教育工作质量保障文件体系

思想政治教育工作是教学质量保障体系的重要一环，根据教学质量保障体系规范，重点制定以下相关文件，详见表4-1。

表 4-1 思想政治工作质量管理文件

文件类型	文件名称
指导意见	学校关于加强和改进思想政治教育工作实施方案
	学校思想政治工作委员会章程
	学校社团章程
	学校青年志愿者协会组织章程
质量标准	学校构建思想政治工作体系工作方案
	学校思想政治教育活动管理规定
	学校宣传思想工作要点
实施办法	学校"形势与政策"课与第二课堂活动联动育人工作方案
	学校思政课分层次教学改革实施方案
	学校劳动教育课管理规定
	学校关于举办"思政大讲堂"的暂行管理规定
	学校思想政治宣传教育制度
	学校党员学习教育制度
	学校教职员工政治理论学习制度
	学校关于意识形态工作责任制的实施细则
	学校关于网络意识形态工作责任制实施细则
	学校辅导员管理办法
	学校班导师工作管理办法
	学校大学生国防教育暂行办法
	学校校园文化活动管理办法
	学校学生社团管理办法
	学校青年志愿者协会管理办法
	学校校园文化艺术节活动方案
	学校校园体育节活动方案
	学校校园科技节活动方案
	学校校园"劳动周"活动方案

续　表

文件类型	文件名称
评价机制	学校班导师考核办法
	学校优秀"课程思政"教学单项奖评选办法
	学校关于网络舆情搜集研判制度
	学校优秀班导师推荐评选办法
	学校学生优秀社团评比制度
自评模板	学校教师思想政治状况分析报告
	学校大学生思想政治教育状况调查问卷

第二节　行政服务管理

行政服务管理为高校办学目标的实现提供基础保障。丰富的办学资源和科学高效的行政服务管理，能够提高学校教育教学工作的整体运转能力和核心竞争力，建立一支拥有高素质的现代服务管理队伍，有利于不断改进工作、提高工作效率以及实现学校发展目标。

一、行政服务管理的意义

在学校层面，构建全口径行政服务管理质量保障体系，建立部门工作质量绩效考核管理机制，实施目标管理，落实绩效考核，强化学校内部各单位及其责任人的主体意识，按照"目标—任务—实施—诊断—反馈—改进"流程，实现各项事业的可持续发展和螺旋式上升，保证学校年度任务高质量完成。各职能部门围绕重点任务和职能工作制定管理办法、实施流程，从而保证学校教学质量保障体系的有序、高效运行。

二、加强行政服务管理工作的重点举措

（一）建立以绩效考核为基础的激励机制

行政服务管理工作的出发点是保证学校教学质量保障体系的正常运行，落脚点是促进学校的高质量健康发展。教学质量保障体系建设的终极目标是构建

持续改进的质量文化，从而实现高校内部的全员质量自觉。因此，完善高校内部致力于催生质量建设各类主体内生动力的激励机制，成为行政服务管理的基础性工作。

（1）绩效考核制度。为促进行政服务管理水平提升，学校应以绩效考核为抓手，以月份、年度为考核时限，将服务效果与全员工资收入挂钩，制定具有学校特色的绩效考核制度。一般情况下，绩效考核的内容可以大体分成任务绩效和周边绩效两个部分。其中，任务绩效反映的是工作任务的结果，学校内部各单位以及个人根据岗位职责和年度工作任务安排，具体分解出每个岗位相应的任务绩效指标；周边绩效指的是影响组织责任、任务和绩效的工作支持因素，包括工作责任和工作风格等方面。

（2）绩效考核指标设计要求。各部门在确定绩效考核任务的目标值时，既不能过高也不能过低，要力求贴近实际，但也需有一定的挑战性，这样才有可能达到目标。另外，各层级的目标必须上下具有连贯性，能相互支撑，下一层级的目标必须基于对上级目标的分解。还有，评价考核指标是考核者与被考核者之间进行充分协商和积极沟通的结果。考核指标不是一成不变的，要根据学校内外部需求与发展的实际进行修订。

（3）绩效考核主体及权重。考核主体大体包括上级、下属和同级人员三个方面。要根据职能定位和岗位职责的不同，分类设计不同的考核主体和评价方式。另外，不同的考核评价主体考核权重应该有所差别：一般情况下，直接上级评价权重为60%，横向工作直接相关的平级同事评价权重为25%，直接下级或服务对象评价权重为15%。

（4）绩效考核结果的使用。通过对个人考核评价指标得分的加权计算，得出个人绩效点的综合绩效评价得分，即为绩效考核结果。考核结果主要应用在奖励津贴、职务晋升和培养培训的分配上。其中，个人奖励津贴工资的计算公式为：工资增量总额 / 全校绩点绩效评价总和 × 个人绩点绩效评价。考核部门将考核结果报送人事、组织部门，作为职称晋级、评优评先和干部任用的重要依据。另外，将连续几个周期考核优秀的教职员工当作外出培训、进修、访学和学历提升培养的重点对象和优秀人选。

（二）完善行政服务管理机制

学校要围绕提升质量目标，不断修订完善行政服务管理规章制度、实施办法与实施方案；修订后的规章制度汇编可分为党群工作、行政工作、学生管

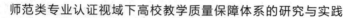

理、教学管理四个系列，有效支撑质量保障体系的高效有序运行。另外，学校还要致力于打造以质量为核心的价值观念，引导全体师生将学校的质量目标与标准内化为自身的质量追求与行为规范，通过构建具有学校自身特色的质量文化体系，形成扎实的工作作风。再者，在信息化、智能化发展背景下，学校还需将信息技术当作行政服务管理工作高效开展的重要手段，通过开发校本化的数据平台和绩效考核管理系统，将工作计划管理、考核评价、统计分析以及整改监督等功能整合起来，将全校年度工作任务分解内容全部纳入其中，不仅每月对各部门执行分解任务情况做综合考量，而且会把统计分析结果当作提升团队管理能力、完善个人职业发展的重要依据，从而保障学校各项任务的圆满完成。

（三）加强教学资源建设

从高校内部教学质量保障组织体系的划分来看，行政服务管理属于支持服务系统和资源建设系统的范畴。行政服务管理工作的总体目标是通过加强教学资源建设，保证校内外的办学资源条件能够满足教育教学的实际需要，并保障正常运行，从而为学校人才培养质量生成系统提供支持服务。教学资源建设涉及高校内部的各职能部门和教辅部门，主要有：人事处负责学校师资队伍建设，确保教育教学所需的校内外专兼职教师队伍的数量、结构与质量；后勤管理处负责为教育教学提供后勤服务保障；财务处负责学校教学的经费管理、计划使用与合理分配；基建处负责学校办公与教学场所的建设；信息中心负责学校教育教学与行政管理的信息化环境和网络教学资源建设；图书馆负责满足教学科研所需的图书资料资源建设。

三、行政服务管理质量保障运行机制

按照产出导向的教学质量保障体系运行原则，学校行政服务管理包括目标决策、运行实施、监控评价、反馈改进四个环节。

（一）目标决策

学校教职工代表大会审议通过学校事业发展规划，确定学校的发展目标和重点建设任务。党政办公室根据党委工作部署、学校规划任务清单，起草年度校长工作报告，经党委会、教职工代表大会审议通过后，成为学校全年行政服务管理质量目标和任务安排。各相关职能部门立足学校发展目标，针对人才培养和教育教学工作的实际需要，制定资源建设目标与具体建设事项。

责任部门：学校党委、校长办公会、教职工代表大会、顾问委员会。

执行部门：党政办公室，各部门。

（二）运行实施

要做好党政工作要点任务分解，并落实到部门、到责任人、到分管领导，同时明确职责分工及完成节点、措施、验收标准等。各部门结合岗位职责，负责人与部门员工面对面确定每人的年度工作目标、任务计划安排、每项任务目标的权重和对应的考核标准。各部门负责人对部门设定的全部目标任务进行计划安排，然后呈报分管校领导审定，接着再分解为每个工作人员的年度工作任务计划。全校教职工对照年度个人任务计划，开展具体管理工作。全校教职工是行政管理与服务的主要执行者，也是完成学校年度管理目标的关键。

责任部门：党政办公室、人事处。

执行部门：全校各部门。

（三）监控评价

效能办公室对全校各部门的资源建设情况和支持服务工作情况进行过程监控，并且按照绩效考核制度对各部门及其负责人进行月度考核和年度考核，进而将相关考核结果反馈给人事处和组织部。其中，对个人发展目标实行年度考核，对其他绩效目标实行月度考核。各月考核结果的汇总与个人年度发展目标的综合评价即为个人的年度考核结果。部门负责人全年考核结果的汇总，即为部门绩效结果。

责任部门：党政办公室、人事处、组织部。

执行部门：全校各部门。

（四）反馈改进

在月度考核和年度考核结束后，效能办、人事处将考核结果实时反馈给各级领导。

各级领导要与其直接领导的下属进行面谈，确认成绩，指出不足，并提出有针对性、可操作性的改进建议。在这个过程中，要注重与所属人员共同审查存在不足的原因，确定下一阶段的整改工作计划，提出具体要求，并将其纳入下一个月（年）度的绩效改进目标。学校每周召开的校长办公会议，要实时处理或解决运行中存在的问题，保证学校行政服务管理工作稳定运行和持续改进。

责任部门：效能办、人事处。

执行部门：校长办公会、全校各部门。

四、行政服务质量管理文件体系

行政服务质量管理是学校教学质量保障体系的重要一环，根据学校质量保障体系规范，应制定的相关文件，详见表4-2。

表4-2 行政服务质量管理文件

文件类型	文件名称
指导意见	学校事业发展规划
	学校章程
	学校教职工代表大会工作条例
	学校发展顾问委员会章程
	学校学术委员会章程
	学校教学工作委员会章程
	学校职称评聘委员会章程
	学校思想政治教育工作委员会章程
	学校资产管理委员会章程
	学校学生工作委员会章程
质量标准	学校党委会议制度
	学校校长办公会议制度
	学校二级学院党政联席会议制度
	学校教师科研工作量化考核办法
	学校教育教学科研成果评奖管理条例
	学校对外接待工作制度
	学校校园安全事故和调查处理制度
	学生校园安全防范联动制度
	学校安全事故追究制度
	学校后勤与国有资产管理制度
	学校食堂食品卫生安全检查制度

续 表

文件类型	文件名称
实施办法	学校教代会运行和议事规则
	学校二级教职工代表大会实施办法
	学校科研课题管理办法
	学校学术交流活动管理规定
	学校学术交流活动管理规定
	学校研究中心与研究室管理条例
	学校突发公共事件应急预案
	学校公务用车管理制度
	学校消防安全管理办法
	学校校门秩序管理规定
	学校反恐怖工作应急预案
	学校基建（修缮）工程管理办法
	学校校园建设建筑工程招投标管理实施细则
	学校工程设计变更管理制度
	学校经费管理与报销管理细则
评价机制	学校绩效考核与津贴发放管理办法
自评模板	学校行政工作任务要点完成情况报告
	学校绩效考核自评报告

第三节 师资队伍建设

  教师是教学的实施者，其教学能力直接影响着课程目标的实现。高校教师除了需具备较高的专业知识和教育教学水平外，还需坚持产出导向，积极了解国家政策、经济社会发展基本情况和教育改革动态。学校应建立健全协同育人机制，在"协同教研""双向互聘""双师共育"等方面与行业企业进行深度合作，提升教师教育教学研究能力和协同育人的综合素质。学校还要建立健全评价机制，全力服务教师职业生涯发展，为人才培养目标的实现提供坚实保障。

一、师资队伍建设的意义

教师不仅是教学质量保障体系的执行者，而且是学生健康成长的引路人，是高校高质量发展的基础和保障。教育的发展，首要前提就是要有一支数量充足、结构合理、素质优良的教师队伍。提升教师队伍素质，打造出符合新时代要求的高素质、创新型、专业化师资队伍，才能有力推动教育教学改革和专业建设、引领学生发展、支撑质量保障体系稳定运行，进而实现人才培养质量的全面提高。

二、加强师资队伍建设的重点举措

（一）强化师德师风建设

建设符合教育现代化要求的教师队伍，加强教师专业能力提升、改善教师待遇是基本保证条件，而师德师风建设才是教育现代化发展的根本要求。师德师风建设影响着学生的成长和教育的实效。高校需加强教师师德师风建设和监督，开展覆盖全体教师的多种教研活动，营造良好的教研环境，不断提高教师的专业水平和教学能力。要坚持育人为本、以德为先，坚持以师德师风为第一标准评价教师队伍的素质，坚持"四有教师""四个引路人"和"四个相统一"基本标准，通过课堂教学、环境陶冶、文化讲坛、社会服务等途径，促进教师良好师德养成。

（二）完善教师队伍管理制度

要深化教师队伍评聘、管理、考核、培养以及高层次人才引进等制度改革，推动整体水平从"保质保量"向"提质增量"转变。要建立健全教师发展机制，实施教师"能进能出、能上能下"机制，规划好教师职业发展通道。为确保教师岗位工作绩效考核规范、公正、透明，着力推进教师评价机制改革，进一步制定完善教师分类考核评价方法、专业技术职务评聘办法和岗位级别管理办法等系列标准作为考核评价的依据，建立教学工作量、教学科研项目、课程教学、实践指导、班导师或青年教师指导、社会服务等方面的量化考核评价标准。

（三）构建协同培养机制

中共中央、国务院发布《关于全面深化新时代教师队伍建设改革的意见》，明确提出要鼓励地方政府参与高校教师队伍建设，建立协同培养机制。高校应积极与地方教育行政部门、行业企业等各方，建立权责明确、合作共赢的培养机制。在培养过程中，高校要发挥主导作用，教育行政部门要做好引导和协调工作，行业企业要积极参与。教师队伍建设是一项长期的工程，高校要制定长远的培养计划，积极参与教师教育培训基地建设，加强"双师型"师资队伍建设，畅通校企双向流动渠道，不仅要定期派校内教师到企业实习，还要加大力度招聘具有企业实际工作经验的兼职教师，逐步建立固定岗位与流动岗位相结合、专职与兼职相结合的教师队伍。高校要加强与行业企业的深度合作，鼓励教师参与企业实践，把握专业发展前景和趋势，不断提高实践能力，通过专业培训、企业兼职、参与科技研发等方式，将企业实践成果转化为教学模式、教学资源和教学能力。

（四）成立教师发展中心

高校通过成立教师发展中心，统筹校内教师队伍建设工作，为提升教师的教学水平和科研能力提供平台，搭建从个别教研向集体教研逐步过渡的桥梁。第一，要建立完善的教师专业发展评价体系，明确教师专业发展过程中存在的问题；第二，要建立包括科研项目的设计、规划、实施和效果在内的项目需求和效果评价机制；第三，要通过多种方式收集教师的发展需求，对教师从事的科研项目进行专业性测试，做出客观评价，最大限度地促进教师的专业发展；第四，要加强教师发展中心内部的管理制度建设，督促教师积极学习，并引导教师终身学习，创新教育理念与教学方式方法，与团队协同发展。

（五）鼓励教师积极进行教学改革

在高等教育改革进程日益深化的今天，为了更好地适应现代教育发展的需要，教师的教学方法和教学观念发生了很大的变化，特别是在信息化时代，"互联网＋教育"已成为一种必然趋势。提高教师的信息素养，加强信息素养教育已成为高校的重要工作。传统的教学模式强调教师的指导，课堂教学采用"灌输式"方法，师生之间的交流不多，学生只能被动地接受学习。在新时期，教学模式发生了变化，信息技术与课堂教学相结合的新模式，如微课、慕课，受到了教育工作者的广泛关注。在以现代教育技术为导向的教学环境中更多的教师开始重视信息技术的应用，促进信息技术与专业教学深度融合，鼓励教师积极开展小组学习、探究式教学、建设智能教室等改革实践，进一步提高教师的教学水平。

（六）完善教师教学质量的持续改进机制

根据教师内涵发展的要求，注重提高教师的教学能力和教学质量，完善"评价—反馈—改进"的持续改进机制。学校根据质量标准，对教师的整个教学过程进行抽查和考核。建立规范的教学质量监控机制，包括教学督导、教与学评价、教学日常检查等。定期对教师的课程设计、课堂教学实施和教学目标达成情况进行评价，并将评价结果当作教师晋级晋升的重要参考。基于教师教学质量评价结果，对实时数据进行分析，帮助教师找出教学中存在的问题，同时以课程目标为指导，提高教学效果，促进教师不断优化教学设计和教学内容，帮助教师提高教学质量。

（七）着力提升教师的获得感和幸福感

要着力提升教师的待遇水平，深化绩效工资改革，完善内部考核制度，凸显绩效激励与约束作用，激发教师活力。要加强人文关怀，关注师生身心发展状况，正视师生合理诉求，在不断完善制度建设、文化建设的基础上，赋予教代会、工会、学代会、团代会等更大的作用，充分发扬民主，提升师生的归属感。要增强正面教师典型的宣传，树立尊重教师、重视教育的良好社会风气，提升教师的幸福感、成就感和荣誉感。

三、师资队伍管理质量保障运行机制

按照产出导向的教学质量保障体系运行原则，学校师资队伍管理质量保障包括目标决策、运行实施、监控评价、反馈改进四个环节。

（一）目标决策

根据学校事业发展规划目标，成立教师发展中心，制定师资队伍建设专项规划、高层次人才引进战略计划和中青年拔尖人才培养计划。制定完善教师队伍补充、配置、评聘、管理、考核、培养、引进以及奖惩等制度。完善教师分类评价标准，突出教师的职业道德、能力、绩效和贡献。明确教师队伍建设的基本要求是要符合学校发展需要，教师队伍的数量、结构和质量必须与教育教学要求相符合。

责任部门：人事处。

执行部门：全校各部门、各学院。

（二）运行实施

师资队伍建设与管理的具体实施单位是学校人事部门和各学院。人事处主要负责全校教师队伍的宏观调控，为全校教师队伍建设提供服务。师资队伍建设的基本内容包括保证数量充足、优化人员结构、提高综合素质，以及组织、实施考核评价激励工作。具体实施举措有：加强引进高层次人才、具有实践经验的高技能人才、紧缺专业人才等，不断优化学校师资队伍规模和结构；坚持和完善新教师岗前培训制度，建立和完善新教师和青年教师导师制，配备优秀的资深教师为青年教师提供指导，通过双方的倾听和对年轻教师的评价和指导，提高青年教师的理论教学能力；加强在职教师培养，鼓励在职教师提高学历学位，取得技能证书和专业资格证书，不断提高专业能力和综合素养；加强在职教师培训，以学校培训为主体，有计划地选派优秀教师和青年教师参加专业培训和业务实践；加强专兼职相结合的教学队伍建设，制定企业聘用兼职教师的管理办法，建立校外兼职教师数据库，实行"双导师制"，系统组织教师主持或参与学校实训室的"二次开发"活动，提高教师的实践能力，促进其对专业理论知识的理解；还应强化教师"双师"素质提升，培养教师理论与实践相结合的教学能力。

责任部门：人事处、教务处。

执行部门：全校各部门、各学院。

（三）监控评价

建立教师师德师风、教学能力和教学质量多维多元监控评价机制，建立教师考核评价领导小组或者委员会，为实施教师考核评价提供组织与制度保障。根据岗位不同制定分类评价标准，评价维度主要包括师德师风、教学业绩、岗位能力、工作态度等方面，将师德师风当作教师评价的基本要求，施行教师师德师风表现"一票否决制"。采用管理部门评价、同行教师评价、学生评价和教师个人自评等多元主体评价相结合方式，且考核评价的主要内容包括教学管理工作量考核、班主任（班导师）工作考核、教学科研工作情况考核。建立规范的绩效考核评价体系，定期（每学年）进行一次量化考核。

责任部门：人事处。

执行部门：全校各部门、各学院。

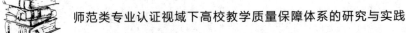

（四）反馈改进

完善数据分析与信息反馈机制、激励约束机制和持续改进机制，促进教师发展。在得出教师教学质量评价结果的基础上，加强对各类数据信息的实时分析和反馈，帮助教师发现教学能力、科研能力以及管理能力等方面存在的不足，并提出改进建议，提高其教育教学效果，促使其实现育人目标。对于专任教师，要重点提出更新教育教学新理念、新要求，使教师不断优化教学设计和教学内容，提高教师的教学能力。将年度绩效考核结果科学合理地应用于岗位改进、职称评聘、评先评优、职位晋升等方面，充分调动教职员工的积极性和主动性，促进学校教师队伍整体素质不断提升。

责任部门：人事处。

执行部门：全校各部门、各学院。

四、师资队伍质量管理文件体系

师资队伍质量管理是教学质量保障体系的重要一环。学校根据质量保障体系规范应制定完善相关管理制度文件，见表4-3。

表4-3　师资队伍质量管理文件

文件类型	文件名称
指导意见	学校师资队伍建设专项规划
	学校教师岗位级别管理办法
	学校专业负责人、专业带头人选拔与培养管理办法
	学校课程带头人选拔与培养管理办法
	学校绩效管理奖分配指导意见
质量标准	学校专业技术职务评聘管理制度
	学校关于加强"双师型"教师选拔与培养的意见
	学校高层次人才引进与管理实施办法
	学校先进教育工作者等评选办法
	学校"最美教师"评选办法
	学校优秀辅导员评选办法
	学校优秀班导师评选办法
	学校优秀思想政治工作者评选办法

文件类型	文件名称
实施办法	学校关于师德师风建设长效机制的实施办法
	学校人事调配工作暂行规定
	学校教职工返聘工作暂行规定
	学校关于新进青年教师实行"导师制"培养的暂行办法
	学校专任教师参加企业实践的管理规定
	学校教职工岗位变动交接工作暂行办法
	学校教职工考勤与请假的规定
	学校教师培训管理办法
	学校聘请企业兼职教师管理办法
	学校"柔性引进"专家教授管理办法
	学校关于引进专业技术人才工作的暂行规定
	学校辅导员队伍管理办法
	学校班导师工作管理办法
	学校教师教学工作规范
	学校处理学术不端行为的办法
评价机制	学校教师岗位考核办法
	学校绩效工资实施方案
	学校管理人员队伍考核与奖励办法
	学校中青年拔尖人才选拔和培养办法
	学校班导师考核办法
	学校师德师风建设与考核办法
自评模板	学校师德师风年度考核表
	学校教师年度考核表
	学校管理人员年度考核表
	学校教职员工思想政治状况调查问卷

第四节　学生工作

　　学生是学校教学活动的主体，更是教学质量的直接创造者和受益者。做好学生工作，就是要落实以学生为中心的思想，坚持从学生的发展需求出发，同时学校要利用内外部所有资源为学生更好地学习与发展提供保障，教育教学活动各环节的组织与实施都要聚焦学生的成长成才目标，从而使人才培养目标最终达成。

一、学生工作的意义

　　学生工作是学校教育教学工作中非常重要的一环，是落实"学生中心"地位的具体体现。学生工作包括新生入学教育、思想政治教育、学生日常管理、成长指导、党团活动、社会实践活动、心理健康教育、学风建设、就业指导与创新创业教育、校园文化建设、"第二课堂"活动、学生综合素质评价以及毕业生质量跟踪等内容，它涉及人才培养从"进口"到"出口"的全过程，是服务学生在校期间以及毕业离校一段时期内全过程的服务工作。只有做好学生工作，才能为教学工作提供支持、补充、服务与保障，从而使学校的培养目标、党和国家的教育方针得以实现，同时满足社会的需求。

二、加强学生工作的重点举措

（一）着力加强学生管理工作队伍建设

　　做好学生工作，必须打造一支思想领航、立场坚定、工作扎实、富有爱心、勤勉奉献的学生管理工作队伍，该队伍包括思政理论课教师、辅导员以及班导师等群体，它具有与学生联系密切、影响深远等特点。

　　加强学生管理工作队伍建设，首先，要不断提高队伍的政治素养，要把握学生成长成才规律，深入全面了解学生需求与特点，提出真正代表学生利益的措施和方法；要落实思想政治教育工作的内涵，用科学理论指导实践，并在实践中形成符合规律又具有自身特点的工作体系，从而切实提高自身的工作能力和业务水平。其次，要坚持党建引领育人，坚持党建带团建，加强思想宣传工作，综合用好各种宣传舆论工具，推进校园文化建设，加大传播正能量，弘扬主旋律。再次，要不断提升学生管理工作的科学化、信息化水平，自觉利用信息化与大数据技术手段，提高工作效率。最后，学生工作是学生学习成长的基础保障，因此还要加强安全稳定教育，守牢学生安全稳定的底线，特别是学生身心健康问题，为学生的健康成长和持续发展提供坚强保障。

（二）构建学生成长指导服务体系

坚持以学生为中心，不仅要关注学生的专业知识和能力素养，还应关注学生需求、专业成长、心理健康、职业生涯规划等方面的成长与发展需求。因此，要树立系统化思维，对繁杂琐碎的学生工作进行系统归类，着力构建涵盖学生学习成长的指导服务体系。根据学生的培养目标与毕业要求，构建思想政治教育、生活指导、学习指导、职业指导、就业创业指导和心理健康指导等相结合的全方位的大学生指导服务体系，全力服务学生发展。比如，通过优化招生选拔机制、深化大类招生、实施转专业制度、建立协同育人机制、鼓励跨院（校）选修课程等途径，精心组织新生入学教育、多层次学业指导活动、立体化生涯辅导以及建构预防性与发展性相结合的就业创业教育体系等措施，为学生的自主选择和发展提供足够的空间，满足学生专业学习需求。

（三）构建学生成长支持保障体系

在支持保障体系建设方面，一是要多渠道了解学生的学习成长与发展需求，通过对生源情况和学业状况的分析，建立学生成长档案，健全学生成长预警机制，实现对学生学习与成长过程的监控；二是要实施多方参与的导师制度，根据学生的不同特点，着力提高学生管理队伍和导师队伍的整体素质；三是从学生学习与发展的实际需求出发，加强教学空间、生活场所以及软硬件设施设备等办学条件的配备与优化；四是以服务学生的学习成效和持续发展为主线，实时开展教学、管理与服务等方面的满意度调查，加大学生参与课程评价和教学评价的力度，发挥学生作为教学质量直接责任主体的作用。

（四）建立基于学生增值发展的综合素质评价体系

落实学生的中心地位，建立基于学生增值发展的综合素质评价体系。在测评指标体系方面，坚持以学生学习成效的持续改进为导向，以学生的学习体验和发展成才为目标，构建涵盖推动学生德、智、体、美、劳全面发展的测评指标体系和测评标准。在测评的实施程序上，采用过程评价和总结性评价相结合方式，加大学生的参与力度，搭建学生自我评价系统，加强学生的自我监测和自我评价，并及时形成指导意见和改进策略，不断改进评价工作程序，提升学生的自主发展能力。在测评信息反馈上，学校应该建立辅导员（班主任）和教研室、任课教师"三位一体"的测评反馈渠道，要加强测评信息公开工作，测评前公开测评指标和测评标准，测评后及时公布结果，使学生通过多种渠道及时了解个人综合测评信息。在测评结果的使用上，一方面，要服务学生成长，即通过加强对测评结果的原因分析，找到学生个体发展的不足与短板，进行针对性的指导；另一方面，要服务教育教学改革，通过分析学生群体综合测评的规律，梳理教育教学各环节中存在的不足，制定相应的改进措施，使教学质量和人才培养水平获得提升。

（五）构建学生发展支持体系

动态监控学生的发展状态，实施学业与成长预警制度，开展针对性的学业帮扶与成长指导行动。开展毕业生跟踪调查和用人单位满意度调查活动，针对毕业生建立持续跟踪和服务制度，及时收集、反馈专业建设存在的问题，提出改进措施，推进专业人才培养活动各环节持续改进提升。加强校友工作，了解毕业生发展需求，搭建终身学习平台，助力学生的终身发展。

三、学生工作质量保障运行机制

按照产出导向的教学质量保障体系运行原则，学生工作质量保障包括目标决策、运行实施、监控评价、反馈改进四个环节。

（一）目标决策

依据学校人才培养目标，宏观上加强学校、学院两级管理。学生工作部牵头成立学生工作委员会或者学生发展中心，代表学校行使校级职能，做好制度顶层设计、质量标准建设、制定操作程序以及监督评价实施等工作；学院层面职能是指导各班级开展学生具体管理工作。在操作层面上，实行学校、学院、班级三级工作机制，实行三级管理、审批，而且涉及学生切身利益的工作要上报校长办公会审批，践行四级审批制。

责任部门：学生工作部。

执行部门：全校各学院。

（二）运行实施

根据学校人才培养目标，完善学生管理制度，加强学生工作队伍建设，强化学生日常事务管理。坚持以学生为中心，遵循学生身心发展的特点和人才培养规律，开展覆盖全程的思想政治教育，培养学生的道德素质。提高学生学习的自主性，引导学生积极参与教学活动，建设优良学风。加强校园环境建设，为学生学习创造良好条件，助力学生成长成才。开展丰富多彩的校园文化活动，拓展学生"第二课堂"活动内容，促进学生的身心健康发展。加强对学生的学业指导、生活帮扶、就业指导与职业生涯辅导，为学生的健康成长提供保障。运用信息化手段建立大学生"成长档案"，建立实时预警机制，开展基于学生增值发展的综合素质评价，加强培养过程监控。做好毕业生就业质量和发展状况跟踪调查工作，搭建"再学习"平台，加强对毕业生的持续支持。

责任部门：学生工作部、团委。

执行部门：全校各学院。

（三）监控评价

坚持以学生学习成效的持续改进为导向，以学生满意度为逻辑起点，以学生的学习体验和发展成才为目标，对学校、学院两级的学生工作成效进行实时评价。总结学期、学年学生工作情况，分别开展面向学生工作队伍、学生以及班集体的评价工作，如每学年开展一次优秀辅导员和优秀班导师评选、先进班集体和团支部评选、优秀学生干部和"三好学生""学风建设之星"等评选活动，并给予表彰奖励。

责任部门：学生工作部、团委。

执行部门：全校各学院。

（四）反馈改进

实行逐级反馈，学生工作队伍将对学生的监控评价结果实时反馈给所在学院，学院汇总后反馈给学生工作部，然后再向上反馈给学校学生工作委员会。学生工作委员会对于新情况、新问题，组织研究，提出改进建议，并督促相关部门、学院进行整改提升。

责任部门：学生工作部。

执行部门：全校各学院。

四、学生工作质量管理文件体系

学生工作是教学质量保障体系的重要一环。学校根据质量保障体系规范应制定建设标准、管理规范、工作流程、信息反馈等相关文件，详见表4-4。

表4-4　学生工作质量管理文件

文件类型	文件名称
指导意见	学校学生发展专项规划
	学校学生管理规定
质量标准	学校学生综合素质评价实施办法
实施办法	学校加强学风建设实施办法
	学校学生勤工助学管理办法
	学校家庭经济困难学生认定办法
	学校学生特殊困难补助发放与使用管理办法
	学校学生违纪处分条例
	学校学生申诉处理办法
	学校学生奖学金评定办法
	学校国家助学金和学校助学金管理办法
	学校学生申诉处理办法
	学校学生干部考核办法
	学校"三好学生"、优秀学生干部评选奖励办法
	学校学生转专业实施细则
	学校学生心理健康指导中心心理咨询制度
	学校学生法律服务制度
	学校就业管理工作实施办法
	学校学生操行评定管理办法
	学校毕业生就业报到证发放管理办法
	学校先进班集体评选奖励办法
评价机制	学校大学生诚信考核评价实施办法
	学校学生日常行为规范管理检评条例
	学校学生操行评定实施细则
自评模板	学校学生综合素质自我测评表
	学校学生成长档案袋
	学校学生综合素质发展情况分析报告

第五节　专业建设

专业是高校人才培养的基本载体，专业建设是高校落实教学中心地位、实现人才培养高质量产出的基础工作。加强针对专业建设的质量保障工作，重点关注专业的人才培养质量和专业自身的发展质量两个方面，即专业的培养目标、培养过程以及培养效果是否满足社会对该专业人才的需要；专业自身发展是否符合高等教育办学的规范性和专业的特色性。

一、专业建设的意义

专业建设质量决定着人才培养的质量，也决定着高校的发展水平。专业建设质量管理是提高教育教学质量的重要前提，是高校教学质量保障体系的基础。只有坚持以专业人才培养产出为导向，坚持分类定位和特色发展，优化专业结构，促进专业内涵发展，提升专业办学水平，促进专业自身持续自我革新，才能够更好地培养出适应社会发展的合格人才。

二、加强专业建设的重点举措

（一）重构专业培养目标

培养目标是指各专业对人才培养质量的具体要求，在人才培养过程中起着重要的指导作用。产出导向强调培养目标与学校定位、学校办学条件和社会人才需求相适应，目标内容明确。首先，要充分考虑学校的办学定位、办学传统和办学条件。只有在培养目标与学校的办学条件相适应的情况下，才能有效促进培养目标的实现和专业建设水平的提升。其次，根据毕业要求调整培养目标，在研究专业培养目标时，一定不能将眼光仅局限于学校内部，必须认真研究经济社会的发展及其对毕业生能力素质的需求，认真与行业企业互动，深入了解岗位标准，找准学生毕业素质要求，之后再将毕业生素质要求与培养目标一一对应，形成科学合理清晰的专业培养目标。最后，明确毕业要求与培养目标的对应关系之后，要对目标进一步细化，将每一个目标分解成可操作、可测量的子目标，这样才能保证在培养方案实施过程中各个专业不是在碰运气，而是所有教师、所有课程都在根据顶层设计有序完成每个目标，也才能提升培养目标的适应度和可检测度。

（二）深化协同育人机制

要建立高校与政府部门、行业企业等利益相关方的协同育人机制，包括与地方教育行政部门和行业企业等利益相关方协同制定培养目标、设计课程体系、共建共享优质教育资源、联合开展课题研究、建设职前职后一体化的发展平台以及进行人才培养质量评价等，形成培养、培训、研究和服务一体化的合作共同体。高校要面向人才需求，优化专业结构，要与行业企业实现"互通共赢"，在人财物等方面加大投入力度，加强公共实训基地建设，提升社会服务水平。

（三）推进基于"学生中心"的教学改革

坚持产出导向的基本理念，积极推进基于"学生中心"的教学改革。首先，围绕课程目标的实现重组教学内容，教师需及时更新、丰富和优化课程内容，形成课程内容动态调整机制。例如，将社会主义核心价值观、职业道德等内容引进教学。其次，教学内容对接当前行业企业以及职业岗位新标准，将学科前沿知识加入课堂教学；突出学生的主体性地位，推动教师教学角色转变，以提升学生自主学习能力为目标，从"知识的传授者"转变为"学生学习的引导者"，改进教学方法（例如，案例教学法、PBL教学法、探究式学习、研讨课等）。再次，课程实施应紧紧围绕课程目标的实现进行相应调整，教师应重组教学内容、改革教学方法、优化课程考核以有效实现课程目标。最后，课程考核应针对课程目标进行设计，教师应选择恰当的课程考核方法以保证考评能够覆盖全体学生，考核程序具有可操作性，并且考核结果能够得到有效运用；在考核方式的选取上，应针对课程目标体现出的差异，尝试引入学生互评作为成绩构成的一部分；可以采取形成性评价与总结性评价、定量评价和定性评价等多种评价相结合的方式，确保评价结果的全面性。

（四）完善专业建设保障机制

（1）常态化的自我诊改机制。逐步实现由专业评估到专业自我诊改的转变，各专业进行更规范、更全面、更贴近实际的自我诊断，及时发现专业建设过程中存在的问题。通过规范专业自我诊断工作，促进专业队伍的深入反思，促进专业建设，不断提高专业教学质量水平。

（2）激励保障机制。根据专业评估结果，对于校内专业建设水平突出的专业进行表彰并优先申报省级高水平特色专业（群）建设项目，相应教师团队优先申报省级教师创新团队，并且在实训基地建设、师资培养、成果申报、课题评选、案例选送等方面进行组合式激励。同时要经常性地对相关专业团队进行专项表彰，并及时总结专业建设成果进行校内宣传学习。

（3）政策保障机制。对专业建设水平较高、产教融合能力强的专业，要积极鼓励其与企业进行联合招生、定制培养，并在招生计划、就业推荐等方面给予政策倾斜。在教学模式改革方面，鼓励各个专业办出特色，在人才培养模式改革上先行先试，并及时总结优秀做法，优先申报各级各类教学成果。在面向社会培训方面，采用一系列激励政策鼓励面向社会办专业、面向行业办专业，并通过不断提升社会培训水平保持专业鲜活生命力。

（4）资源保障机制。经费支撑层面，积极鼓励各优势专业申报国家级、省级专项建设经费，对于申报成功的项目按 1:1 比例进行配套建设。在师资团队建设方面，在人才结构完善、双师型教师培养、教师现场实践、人才项目申报等方面给予各专业全力支持。

三、专业建设质量保障运行机制

按照产出导向的教学质量保障体系运行原则，专业建设质量保障包括目标决策、运行实施、监控评价、反馈改进四个环节。

（一）目标决策

根据学校发展目标，健全学校各专业建设指导委员会，立足专业实际制定专业建设规划。学校根据经济社会发展需求和形势变化以及学校的办学实际，动态调整专业布局和规模。各专业完善专业建设标准、人才培养方案制定与实施指导意见、校内外实践基地建设标准、专业管理办法、学生实习管理规定、专业建设评估指标体系等制度和标准文件，加强专业教学团队、教学经费、校内外实践实训基地、信息化教学条件以及教学设备设施等方面的资源建设。

责任部门：专业建设委员会。

执行部门：教务处、全校各学院。

（二）运行实施

定期召开专业建设指导委员会会议，共同分析人才需求，确定人才培养目标，制定人才培养方案，优化课程体系，推进教学改革，实施专业人才培养活动。学校参照师范类专业认证标准，在行业企业专家参与下，加强专业内涵建

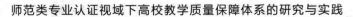

设，以优势专业为中心，辐射、带动其他专业（群）建设，以形成独特的特色专业建设模式和人才培养模式。依据专业认证要求，学校对校内全部专业的课程体系进行重构优化。围绕专业培养目标的实现设置课程框架，坚持以学生为中心的教育理念反向设计专业人才培养方案，按照产出导向教育理念确定培养目标，通过社会需求调研、教学过程分析、多元评价等手段，形成循环改进的专业建设机制和课程开发机制。

责任部门：教务处。

执行部门：全校各学院。

（三）监控评价

各学院、各专业充分利用学校初期、期中、期末教学工作检查以及专业的自评自查，及时根据专业制定的年初建设计划调整工作进度，明确工作推进方向。为不断提高专业建设水平，寻找自身差距、明确建设方向，学校根据高水平专业建设评估办法，由教学质量保障委员会牵头，从专家库中选取一定数量的专家组成评估团队，根据专业评估指标体系，定期组织开展校内专业评估。各专业根据年初专业建设计划进行自我评估，并撰写专业自评报告上报所在学院；学院根据专业自评报告，并结合年度规划深入分析本学院层面专业（群）建设存在的问题，并形成学院专业（群）建设自评报告；教务处根据各学院专业建设规划目标，结合当前发展现状，编制学校层面专业自评报告，并提交至质量监控与评估中心形成学校教育质量报告。

责任部门：教学质量保障委员会。

执行部门：教务处，质量监控与评估中心，全校各学院、各专业。

（四）反馈改进

学校实时公布专业评估结论，将其作为专业继续、限制或暂停招生的重要依据；要加强对各专业进行把关预警，定期进行专业动态调整，依据专业评估结果和专业建设实际分配招生规模，合理配置教学资源，形成具有学校特色的专业建设格局。学院负责组织所属各专业接受学校组织的专业评估，并实时指导与监督专业开展整改工作，着力加强对课程体系、师资队伍、资源保障和育人成效等方面的保障，带动专业结构优化和建设水平整体提高。

责任部门：教务处、质量监控与评估中心。

执行部门：全校各学院、各专业。

四、专业建设质量管理文件体系

专业建设质量管理是教学质量保障体系的重要一环。学校根据质量保障体系规范，应制定专业建设指导委员会章程、人才培养方案制定与实施指导意见、校内外实践基地建设标准、专业管理实施办法、学生实习管理规定、专业建设评估指标体系等相关文件，详见表4-5。

表4-5 专业建设质量管理文件

文件类型	文件名称
指导意见	学校专业建设专项规划
	学校关于加强教学质量保障体系建设的意见
	学校专业人才培养方案制订与实施指导意见
	学校专业建设指导委员会章程
	学校专业评估指导意见
	学校教学管理规定
质量标准	学校学分制学籍管理规定
	学校专业评估通用质量标准
	学校特色专业建设标准
	学校示范专业建设评选办法
	学校教学成果奖评选办法
	学校学生学业成绩考核管理办法
	学校教师教学工作量计算办法
	学校教师工作规范
	学校专业带头人和骨干教师的选拔与管理办法

续　表

文件类型	文件名称
实施办法	学校各专业人才培养方案
	学校新专业申报管理办法
	学校专业评估实施办法
	学校精品专业建设实施办法
	学校实践教学经费管理办法
	学校教学改革研究项目管理办法
	学校教务管理系统管理暂行办法
	学校教学档案管理办法
	学校两级教学管理规程
	学校教材建设与管理办法
	学校教师指导学生参加专业竞赛奖励管理办法
	学校教研室管理办法
评价机制	学校专业人才培养质量达成度评价办法
	学校教学质量监控实施办法
	学校教学事故认定和处理办法
	学校专业评估通用指标体系
自评模板	学校专业自评报告
	学校专业年度自我诊断与改进报告

第六节 课程建设

课程是教学活动的基本单位、核心载体和关键因素，人才培养质量的达成直接取决于课程教学质量，因此，加强课程建设，是高校构建教学质量保障体系的重要抓手和核心环节。

一、课程建设的意义

课程建设水平是专业建设质量的直接体现，更影响着学生培养目标的实现，也是一所大学建设水平的重要指标。通过逐步构建课程开发与建设运行机制，形成系列课程质量标准，阶段修订实施性教学计划，调整课堂教学方案，形成常态化的课堂教学质量监控管理机制，有效保证所有课程达到学校课程最低质量标准，支持课程的持续改进，同时通过对优秀课程以及课堂教学实践案例进行总结推广，从而推动全校课程建设水平的整体提高，最终为人才培养质量的持续提升提供坚实保障。

二、加强课程建设的重点举措

（一）优化课程体系设计

坚持以产出为导向，根据专业培养目标和人才培养方案，邀请行业企业人员、教师代表、学生代表、毕业生代表等共同参与课程体系的构建，保证课程目标具有可行性和前瞻性。课程体系应与学生的知识和能力相适应，并能支持毕业设计的素质和能力结构要求。为了加强专业课程的全面性、系统性和完整性，课程设置应符合学生的学习逻辑和素质能力要求。课程体系应充分体现以学生为中心、以产出为导向、持续改进的基本理念，建立以学生为中心的课程教学体系，明晰课程体系对培养目标的支撑度。按照毕业要求中的知识、能力和素质目标要求，列出课程与毕业要求之间的矩阵关系，完善与优化课程教学内容，加强学科内部、学科与教育、学科与生活等综合性学习，形成促进学生主体发展的、以"参与、质疑、合作、体验"为特点的课程学习制度文化和行为文化。课程内容要能够充分体现与专业相关学科发展的新动向，找准课程支撑毕业要求的定位与功能，从整体视角出发做好课程设计。

（二）科学实施课程教学

教学过程要关注学生的学习体验，课程教学的重要基础工作是研究学生，准确把握学生的学习特点，熟悉学生专业成长的需求和规律。经过对学生情况的完整了解，根据培养目标和子目标的要求，进一步明确课程目标和课堂教学目标。根据课程属性与特点的不同，精心设计教学活动。根据学生学习需要及时调整教学模式，采用案例教学、探究教学、现场教学等教学方法，充分利用现代教育信息技术扩大课堂教学的时间和空间，鼓励学生积极参与，加强教学反思，组织团队学习。落实立德树人任务，及时将人文素养与思想政治教育结合起来，提高学生的综合素养。进行科学的教学评价，确保课程设计和实施有效支撑课程目标的实现。

（三）加强课堂教学改革

课程与教学作为"正向施工"的重要工具，应实现对毕业要求的支撑，完成基于产出的课程教学改革。课程教学改革的重要内容是课程大纲的重新修订和优化，课程大纲是专业证明课程体系支撑毕业要求的重要证据，是教师清楚表述课程的文本，是学生全面了解课程的途径，除了传统的要素，如课程名称、课程性质、学时学分、教学进度、课程负责人、教学方法、教材与推荐书目、课程网址外，教师还要清楚地说明课程目标与毕业要求指标点的对应关系、教学内容与课程目标的对应关系、课程目标与考评方式的对应关系、采取的教学方法与手段评分标准等内容。另外，在课程实施方面，要推动以学生为中心的教学方法变革，推进参与式、体验式、探究式、合作式学习，重点培养学生的实践创新能力；要充分利用信息技术变革教师的教学方式和学生的学习方式，提升学生信息素养和信息化应用能力；充分利用第二课堂，促进其职业信念和专业素养的养成，培养学生自主学习、自我管理的能力。

（四）强化实践教学活动

高校人才培养的最终目标是使所培养的学生能符合和适应社会发展需求。因此，高校教育教学应当融入现代教育先进理念，积极推进项目化教学和渗透式实践教学模式改革。第一，可以吸收现代职业教育"1+X"证书制度，将技能训练与考核纳入学生人才培养方案，学生除必须取得毕业证书外，从未来岗位出发，还应该取得相应的职业技能等级证书，使其成为毕业的硬性条件。第二，建立和完善与课堂教学有机结合的实践教学体系，专业实践与职业体验有机结合，促使见习、实习与研习相结合。合理安排实践教学活动，以满足学生专业学习和实践经验的需要，提高学生的专业实践能力，促进学生培养目标的实现。第三，要进一步强化案例教学，针对不同学科领域，开发并实施项目化、模块化的理论与实践相结合的课程。强化理论与实践的高度融合，促进学生综合能力的发展。借鉴学习现代职业教育要求，建设和开发一批交互式、探究式学习模式。

（五）推进课程考核评价改革

通过课程考核证明毕业要求的达成情况，并依据评价结果进行教学内容和方法改进活动。传统的考核方式及评分方式重结果、轻过程，因此高校应立足激发学生学习兴趣，改革课程考核方式，着重推动学生自主学习能力迅速提升。课程考核方式要坚持发展性评价和形成性评价相结合，考核标准主要以学生学习成效和学习体验为依据。高校应出台学业考核相关管理规定，针对考核的各个环节提出基本要求，实现考核过程的规范化管理。在此基础上，要立足"学生中心、产出导向"理念，着力加强课程考核改革，转变考核导向，从考核"老师教得如何"变为考核"学生学得如何"，重点在于检验课程目标和毕业要求的达成度，找出持续改进的着力点，以促进教学质量提升。要加强针对课程的"元评价"，即评价课程是否为学生的毕业要求和培养目标提供了有效支撑。

（六）完善课程建设保障机制

（1）激励机制。为落实"学生中心"理念，满足专业建设的需要，就要深化课程改革，推动课程建设，鼓励教师组建课程团队，提升课堂质量，同时学校要定期、不定期地组织"学生满意课堂"、特色精品课程、优秀线上教学以及教育教学信息化比赛等系列教学评比活动，为获奖教师颁发荣誉证书和奖品，并将其当作教学单项奖记入教师个人业务档案，促进课堂质量持续提升。

（2）质量发展机制。实施集体备课制度，加强课程团队建设，建立教师"学习共同体"，同时实施专业课程轮换制，使专业公共课程与专业核心课程教师周期性轮流授课，从而整体提高课程组内教师的教学能力，使专业课程教学有足够的教师储备。

（3）信息化机制。加强信息化教学质量评价管理系统建设，实现与课程建设相关的各类信息数据的实时共享和流程协作。通过教学质量评价系统，实时监控师生课堂教学动态，及时对课程教学的各个环节进行监控和管理，并依据所采集的数据，对课堂教学活动基础数据进行多维统计分析和对照分析，实时进行教学异常预警、出勤预警和挂科预警，供相关职能部门、学院、教师进行教学质量评价分析，让信息技术成为课程质量管理的支持和保障，以促进教学质量持续提升。

三、课程建设质量保障运行机制

实际要围绕专业培养目标的实现设置课程体系，按照 OBE 教育理念确定课程培养目标，通过社会需求调研、教学过程分析、多元评价、持续改进，形成以产出为导向的课程建设质量保障机制。课程建设质量保障的基本内容包括：编制课程建设总体规划，完善课程建设标准，加强课程基本建设，实施教学改革与研究，落实课堂教学实施、管理与监控，开展课程评价等。

按照产出导向的教学质量保障体系运行原则，课程建设质量保障包括目标决策、运行实施、监控评价、反馈改进四个环节。

（一）目标决策

按照学校事业发展规划，制定课程建设专项规划。成立课程发展中心，加强对全校课程建设的统筹领导。对现有所有专业的多门课程进行规范、整合、优化，构建科学合理的课程体系。完成所有专业核心课程开发、课程标准制定、课程教学设计、教学评价和教学资源建设等工作；完成校企合作、理实一体化、在线教学等类型的精品课程建设。同时，在培养一批"双师型"课程负责人的基础上，加快课程改革和课堂改造，深化信息技术在课堂教学中的应用，建设一批"学生满意课堂"，进一步提高课程教学质量。

责任部门：教务处。

执行部门：全校各学院、人事处、信息中心。

（二）运行实施

根据学校建设和发展的需要，针对教学中存在的人才培养模式、教学方法和手段等具体问题，进行教学改革和研究；实施人才培养方案，开展课程教学任务，安排教学进度，维护课堂教学秩序，制定课堂教学各环节的质量标准和基本要求，组织备课、课堂教学、指导和答疑等教学过程中的各个环节，加强教学资源平台建设，实时采集和呈现课堂教学过程数据，提高过程监控和预警能力。课程目标、内容、实施和评价过程应体现现代信息技术的特点，同时要建设有特色的精品课程，构建网上开放课程体系，开设远程网络课程，实现优质教学资源共享，将线上线下教育结合起来，提高课堂教学质量。

责任部门：教务处。

执行部门：全校各学院。

（三）监控评价

加强课程教学过程管理，构建多单位、多主体参与的教学质量监控体系，完善教学督导制度、教学检查制度、党政领导干部听课制度、校领导听课制度、同行听课制度，及时反馈课堂教学过程监测信息，促成课堂教学质量提升机制。

针对课程日常教学质量，可实行学校、学院、课程教研室三级管理机制。设立专门的教学督导团队，实行校、院两级督导机制，各级督导员按照规定每日负责教学督导、巡视和监控工作。坚持"督"与"导"相结合，强化对课程的导、评、督，做好质量提升跟进工作，同时督导工作从关注教师教学效果转向关注学生学习效果，重点监控教师授课过程中是否做到了教书与育人相结合。学校教务处、各学院运用教学质量评价管理系统和大数据云教学管理平台，加强教学质量过程监控，通过大数据分析开展日、周、月、学期和年度诊断，对课程教学质量进行动态调整。教务处要组织期初、期中、期末三次教学检查，具体采用学院自检、教务处抽检的方式进行。另外，要定期开展课程建设评估工作，编制课程评估报告；将课程评估结果当作教师改进教学的基础，促进关注从"教"转向"学"，整体评价课程建设成效。

责任部门：教务处、质量监控与评估中心。

执行部门：全校各学院。

（四）反馈改进

教学工作委员会定期召开会议，研究处理阶段教学情况和出现的各种问题。质量监控与评估中心每月编辑一期《教学督导简报》、召开1次学生信息反馈会，同时不定期召开教师信息反馈座谈会，根据数据统计汇总课程教学信息反馈情况，并通过信息化平台反馈给教务处、学院和教研室落实改进；每年组织1次全校督导工作会议，总结上一学年质量提升结果、分析存在问题，安排下一学年质量提升的重点工作方向。学校根据课程评估结果，实行更严格的课程准入和淘汰制度，连续三轮评估效果不佳的课程将被取消，对授课老师做限制授课处理。

学院根据数据状态和教学预警提示进行导课交流，以明确优点与不足，提出合理可行的改进建议，并跟进查看学生学习效果。各课程教研室每周开展集中教研备课活动，每学期撰写课程建设诊改报告，在每轮课程教学中逐步提升教学效果和学生学习效果。教师每学期撰写所任课程目标达成度评价分析报告，确定本学期课程教学目标是否实现、教学过程中发现的问题、做出的教学改进或调整、动态改进或调整后学生学习效果对比、学期课程教学反思及下一轮课程要关注的重点。

责任部门：教务处、质量监控与评估中心。

执行部门：全校各学院、各教研室。

四、课程建设质量保障文件体系

课程建设质量保障是学校教学质量保障体系的核心环节，根据学校质量保障体系规范应制定指导意见、建设标准、管理规范、教学评价、信息反馈等相关文件，详见表4-6。

表4-6 课程建设质量管理文件

文件类型	文件名称
指导意见	学校专业课程体系建设指导意见
	学校课程标准编写指导意见
	学校教学活动设计指导意见
	学校课程成绩评定指导意见
	学校课程评估指导意见
质量标准	学校公共基础类课程通用质量标准
	学校专业类课程通用质量标准
	学校通识类课程通用质量标准
	学校课程评估指标体系

续　表

文件类型	文件名称
实施办法	学校课程标准制定流程
	学校课程开发流程
	学校课程教学设计编制流程
	学校精品课程建设流程
	学校调、停课管理流程
	学校学生选课流程
	学校校本教材编写审批流程
	学校课程成绩录入流程
	学校课堂教学建设细则
	学校关于课程模式改革的暂行规定
	学校课程重修管理办法
	学校公共选修课管理办法
	学校教材选用管理办法
	学校课程评估实施办法
	学校课程大纲管理办法
评价机制	学校专业课程体系合理性评价办法
	学校精品课程建设评选办法
	学校"学生满意课堂"评选办法
	学校课程带头人选拔和培养管理办法
	学校教学督导工作条例
	学校学期教学检查制度
	学校二级教学单位督导工作制度
	学校听评课制度
	学校教学反馈制度
	学校教师教学工作互评制度
	学校教师评学制度
	学校学生评教制度
	学校教学事故监测与预警制度
	学校教学事故认定与处理制度
	学校关于教学文件的审定制度
	学校课程目标达成度评价实施意见

续　表

文件类型	文件名称
自评模板	学校教师教学自评表
	学校教师教学工作手册
	学校理论教学评教卡
	学校混合课堂教学评教卡
	学校兼职教师评教卡
	学校课程标准模板
	学校实践教学评教卡
	学校听评课记录表
	学校教学设计模板
	学校教学进度表
	学校教案（讲义）编写模板
	学校主要教学环节文件编订模板
	学校课程自评估报告
	学校课程教学学生学习体验调查分析报告
	学校课程改进计划报告

第七节　实践教学

随着社会对人才培养要求的不断提高，高等教育的内外部环境发生了巨大变化，高等教育理念也随之不断创新，如何提升学生的实践创新能力、保障人才培养质量，应对国内外经济社会发展新形势，这些都已经成为高等教育所面临的新命题。

一、实践教学的意义

实践教学是教育教学活动的重要内容，是检验教学质量和效果的重要环节。加强和实施实践教学是提高教学质量的可靠保证，高校应高度重视实践教学环节，通过加强实践教学管理，深化教学实践改革，优化教学实践过程，形成教学实践质量持续改进的保障体系，从而有效提高学生的综合实践能力，保障教育教学和人才培养质量。

二、加强实践教学的重点举措

（一）完善实践教学体系

实践教学课程包括实验实训、教育见习、课程研习、社会实践、顶岗实习、毕业实习、毕业设计（论文）等内容。科学的实践教学体系应包括教学观察、职业体验、课程研究、专题讨论、探究反思等环节，它要求教育见习、教育实习、教育研习等环节之间要相互贯通、分层推进和有机联系。其中，见习关注问题的感知和产生、实习关注问题的体验和解决、研习关注问题的研究和探究，三者有机融合。学校要保证学生学习期间的各类实践教学课时，创造条件让学生循序渐进地接触、了解和体验实践教学，帮助学生尽快进入职业角色。还应设立明确的实践教学目标和具体的实践内容，管理实践教学全过程，并对实践教学的成效进行考核。坚持产出导向，实行"双导师"制度，保证导师队伍的数量，明确校内外导师的职责分工，形成水平高、稳定性强、协同育人、理实一体和专兼结合的实践教学导师队伍。

（二）加强校内实训教学中心建设

加强校内实验实训教学中心建设，为学生的校内实践教学提供保障，而它的功能应该涵盖技能训练、实验教学研究和综合科学素养训练等方面。还要加强实践教学配套软硬件设施建设，为学生提供丰富的各类实践教学资源库，积极开发满足当前经济社会发展的系列教材和网络课程资源。加强实践教学网络支持系统建设，实现全网络化运行与管理。与行业企业合作建立校内实践教学资源库、教学中心和虚拟仿真技术实训平台，保证学生的实训水平与社会需求同步。还要完善实训中心的管理维护制度，确保中心的场地和设备的充分使用率。

（三）加强校外实习实践基地建设

建立学校、行业企业、用人单位等多方协同育人机制，共建校外公共实践基地。学校要加大对基地的财力、物力、人力和智力投入，形成校内外合力，共同提高实践育人质量。要加大力度共同建设专业发展平台，形成人才职前培养、职后培训、科学研究和社会服务等一体化的合作共同体。各协同主体之间应有明确的工作目标、协同制度和合作措施。建立"双向互聘"机制，高校聘请行业企业一线高技术人才担任学生的兼职导师，作为教师队伍的优化和补充。设立面向实习实践基地一线人员的研究项目，校内教师、行业专家与学生共同参与，提高师生的实践能力、研究能力与创新能力。

（四）强化实践教学过程管理

在实践教学管理过程中，建立教学计划审批制度，同时实践教学课程采用项目制整周授课方式。建立小学期制度，优化调配实训实践资源；每年对新进教师进行实训技能培训，建立完善的实训安全管理体系。在跟岗、顶岗实习阶段，前期由各专业实地考察实习单位情况，制定详细的顶岗/跟岗实习方案，并由教务处针对各专业反馈的实施方案制定具体的实习检查方案；中期开展实习检查情况周报制度，建立"教务处—学院—专业"实习检查三级联动制度；建立实习检查台账，实现"师生一对一，校企点对点，校内外指导教师全过程"的实习管理制度；在后期由企业教师和校内教师共同根据实习任务和评价标准评定实习成绩，并对本学期实习成效和问题进行及时总结。

（五）加强实践教学的过程监控评价

规范而有质量的实践教学监控与评价是保证学生达成毕业要求中教学实践能力规格的重要保障机制。通过完善实行实践教学监控、评价与改进制度，依据不同专业的建设目标和实践教学任务，健全规范的实践教学质量标准，使用各类信息化管理平台，建立信息技术环境下多元化的实践教学评价与改进体系。实施学生见习、实习、研习全过程的质量监控和指导，采取过程性与形成性、定性和定量相结合的评价方式，全面、客观、多样化地对学生的实践表现、实践能力和反思能力等方面进行科学有效的评价，生成学生实践教学档案袋。同时，对实践教学环节目标达成度进行分析，形成持续改进机制以保障实践教学质量。

三、实践教学质量保障运行机制

按照产出导向的教学质量保障体系运行原则，实践教学质量保障包括目标决策、运行实施、监控评价、反馈改进四个环节。

（一）目标决策

学校教学工作委员会统筹学校总体的实践教学工作。学校教务处根据学校的总体安排，总体负责全校实践教学的组织管理、过程监控和效果评价等工作，制定学校实践教学专项规划和相关标准，统筹校内外实践教学基地和资源建设。各学院依据所属专业的人才培养方案，做好实践教学课程体系建设，落实实践教学校内外"双导师"队伍，制定实践教学总体安排。

责任部门：教学工作委员会、教务处。

执行部门：全校各学院。

（二）运行实施

学校教务处负责编制实习指导文件，统筹校内实训室和校外实习基地建设，做好各专业实践教学计划、实践指导教师队伍的审查等工作。学院负责组织和实施教学实践，审查各专业制定的实践教学计划和课程大纲等材料，统筹安排实践教学指导教师队伍，为各专业建立相对稳定的实习基地，指导各专业开展实践教学活动、完善实践教学质量保障体系，解决实践教学过程中存在的问题。各专业具体实施实践教学计划，保证实践教学正常有序地进行；在专业领域为学生提供尽可能多的指导；根据专业自身特点，建立和完善专业实践教学质量保障体系，保证实践教学质量。

责任部门：教务处。

执行部门：全校各学院。

（三）监控评价

教学质量保障委员会作为学校质量保障工作的评估主体，主导学校实践教学的评估评价工作。教务处负责学校实践教学的日常管理和过程监控工作。根据学校教学质量保障体系的总体布局，由质量监控与评估中心牵头，每年从教学质量保证专家库中抽取一定数量的专家组成专家组，对学校的实践教学情况进行评估。学院负责接受校级评估，并将评估结果反馈给各相关专业，提出持续改进建议，跟踪改进情况。

责任部门：教务处、质量监控与评估中心。

执行部门：全校各学院。

（四）反馈改进

教务处根据实践教学专项评估结果，对学校整体的实践教学工作提出改进建议，向各学院进行反馈并跟踪评价其持续改进情况。学院负责对本学院各专业的实践教学情况进行总结，提出针对性的改进建议，并督促各专业进行整改。

责任部门：教务处。

执行部门：全校各学院。

四、学校实践教学质量保障文件体系

根据学校教学质量保障工作的总体部署，可形成完善的实践教学质量保障文件体系，详见表4-7。

表4-7　学校实践教学质量保障相关文件

文件类型	文件名称
指导意见	学校实践教学基地建设专项规划
	学校实践教学实施意见
	学校实践教学评估指导意见
	学校毕业论文（设计）评估指导意见
质量标准	学校校内实训室（平台）建设标准
	学校校外实习实践基地建设标准
	学校实践教学评估通用质量标准
	学校毕业论文（设计）评估通用质量标准
	学校校内实训室安全检查标准
	学校学生跟岗/顶岗实习检查标准
实施办法	学校实践教学评估实施办法
	学校毕业论文（设计）评估实施办法
	学校毕业论文（设计）管理办法
	学校实践教学管理规定
	学校顶岗实习管理办法
	学校教育实习管理办法
	学校关于教育见实习教师指导经费管理办法
	学校学生毕业论文（设计）管理办法
	学校实训室管理制度
	学校学生顶岗实习管理办法
	学校学生校外实习期间突发事件应急预案
	学校校内实训室安全管理规定

文件类型	文件名称
评价机制	学校实践教学质量评估指标体系
	学校毕业论文（设计）评估指标体系
	学校实践教学评教卡
	学校实践教学满意度调查制度
	学校实践教学监控与评价制度
自评模板	学校实践课程教学计划表
	学校实践课程自评估报告
	学校毕业论文（设计）工作自评估报告
	学校实践课程改进计划报告
	学校实践教学满意度调查反馈表
	学校实训室安全检查记录表
	学校教师实践教学指导手册
	学校学生实习手册
	学校实习协议书

第五章　重要抓手：
专业质量标准体系的设计与编制

第一节　专业质量标准体系设计思路

专业是高校人才培养的载体，是课程、教师和学生的纽带，可助力学校人才培养目标和发展目标的实现；专业质量体现了学校的办学能力、教师的教学水平和人才培养的质量。高校办学既要满足国家、社会、家长、产业及企业等外部利益相关方的发展需要，同时也需满足学校、教师和学生等内部主体的发展需求，而这些都建立在高质量的专业建设水平基础上。因此，高校必须坚持产出导向的理念，通过建立健全专业质量标准体系，规范其内部涉及专业人才培养全过程的教育教学、管理服务活动。

一、专业质量标准体系设计的基本原则

现下的高校专业管理、专业建设存在着缺乏宏观指导、专业持续改进体系不健全、专业质量参差不齐等问题。因此，要保证人才培养质量，在设计和实施专业质量标准体系过程中，需要坚持以下几个基本原则。

（一）一致性原则

专业质量标准体系必须确保专业与学校的总体战略目标相一致，与经济社会发展和产业升级调整的需要相适应，与课程、教师、学生等内外需要相联系，从而实现专业人才培养与人才需求的同频共振。

（二）导向性原则

设计、编制专业质量标准体系，要充分考虑人才培养的周期性，科学预测人才需求，适时优化调整专业布局和专业结构，合理设计专业评价体系，提高专业的生命力，实现专业的可持续发展。

（三）整体性原则

专业为高校人才培养的重要载体，专业建设是校内各项工作的主线，与学校的管理服务、资源建设、队伍建设、课程教学以及学生活动等各方面都相互联系。因此，制定专业质量标准体系，要强化宏观指导、整体设计，必须考虑体系的可行性、与其他标准的兼容性以及教学资源的可用性，使学校各项工作发挥最大作用。

（四）稳定性原则

虽然高校的专业结构要根据内外部环节的变化进行调整优化，但是高校办学作为一种特殊的生产活动，必须符合高等教育规律、人才培养规律和学生身心发展规律。专业质量标准的确定要充分考虑不同专业、学科特点，在体系设计和标准编制过程中，要做好充分的调查研究，从而在保证其灵活性的基础上，使其具有相对的稳定性。

二、专业质量标准体系的基本框架

针对高校专业建设中存在的问题，要以专业标准体系设计为出发点，建立独立的专业持续改进机制，聚焦专业人才培养目标，依据不同责任主体，从学校层面和专业层面分别建立完善专业质量标准体系（表5–1）。

表 5-1　专业质量标准体系

责任层面		质量标准	责任单位
学校层面	通用标准文件	1.专业建设标准 （1）专业设置标准 （2）专业动态调整标准 （3）专业资源配置标准 （4）专业人才培养目标 （5）专业课程标准 2.专业教学标准 3.专业评估标准	教务处
	指导性文件	1.专业建设方案编制意见 2.专业人才培养方案制订指导意见 3.专业教学标准编制意见 4.专业教学进度表编制意见	教务处
专业层面		1.专业建设方案 2.专业教学标准 3.专业教学进度表	二级学院专业团队

　　学校层面的专业质量标准主要由教务处负责，重点从宏观指导设计方面开展工作。从专业设置、专业动态调整、专业建设、资源配置、专业教学和专业评估等方面一体化设计专业质量通用标准体系。其中，从专业设置与动态调整的角度看，专业评估标准是各专业必须遵循的标准，具有共同的特点，所以学校只需制定统一的标准，就可以实现专业的宏观管理，而不需要各专业分别制定。

　　专业层面的专业质量标准制定由二级学院和专业团队负责，主要根据学校标准的要求，结合所在学院的专业构成、教学资源和专业特点，进行专业质量标准制定、实施和持续改进操作工作。专业团队是专业一级的主要责任机构，具体负责制定和持续改进本专业的质量标准，并协调专业课程体系中课程标准的制定和持续改进。在制定专业教学标准的过程中，应根据学校专业资源配置的基本规律，明确专业教学标准中的资源配置情况。

第二节　专业建设质量标准体系设计

专业建设标准是专业过程管理的重要基础，是指导学校各专业编制专业建设方案的依据。学校专业建设标准包括专业设置、专业动态调整、专业资源配置、专业人才培养目标、课程建设标准五个方面。

一、专业设置标准

高校专业设置要适应国家、社会、行业、产业和职业的发展需要，与产业的对接是高校专业质量的基本保证，且其必须跟上产业发展和科学技术进步的步伐。建立专业设置标准是高校专业管理的出发点。

（一）专业设置的基本依据

（1）满足经济社会发展需要。密切关注地方产业转型升级和区域社会经济发展，积极适应产业转型升级、新兴职业与科学技术进步，建立适应行业产业发展需要的专业，需具备良好的就业前景。

（2）满足人才市场需求。准确定位服务领域，加强对专业人才市场需求的调研，关注学生和家长对所学专业的需求，把人才市场的需求、规格和规模当作新增专业的重要依据。

（3）满足学校发展的实际情况。专业设置应符合学校专业发展规划，符合学校办学定位和办学特色，避免同质化设置和重复设置。

（二）新设立专业需具备的基本条件

（1）申报单位需进行充分的人才市场调研，所申报专业的专业定位和人才培养目标必须与学校的办学定位、发展规划和办学方向相吻合，与学校的专业结构布局相一致，且具有良好的发展前景、产业背景和稳定的人才需求。

（2）申报单位需制定科学完整的专业发展规划，有较为明晰的中长期招生规模分析，具体列出办学条件、师资队伍、实践教学、课程建设等方面的建设举措；有科学的、可操作的人才培养方案和其他必备的教学制度文件等。

（3）申报单位需具备支撑该新设专业教学过程顺利开展所需的教学资源和条件，包括专业带头人、专兼职教师和教学辅助人员、课程资源、校内外实训实践平台等。

（三）专业设置程序

（1）开展专业人才市场调研。专业建设指导委员会根据相关二级学院组织开展的人才市场调研情况，对拟申报开设专业的人才需求进行分析和预测，论证该专业建设的必要性和可行性，并形成论证报告。

（2）专业申报。二级学院应于每年规定时间内向学校教务处提交专业增设申请报告及人才市场调研论证报告、专业建设方案、人才培养方案等必要的证明材料。

（3）专业评估评审。学校教务处根据初审情况，组织校内外专家组评审后，报学校教学指导委员会审定。

（4）结果公示。在全校范围内，对新申报的专业进行公示，一般不少于五天。

（5）增设专业审批。公告无异议后，报校长办公会审批，经学校同意后，由教务处上报教育厅备案（国控专业需报教育部审批）。

（四）专业申报材料的附加要求

（1）设立专业的申请，应当向教务处提交下列材料：专业人才市场调研报告、专业设置论证报告、相关申请表和登记表、专业建设方案、专业人才培养方案及其他必要的证明材料。

（2）上述文本材料按顺序印刷并装订成册，之后连同电子稿在规定的时间内送交学校教务处。

（3）所有申请材料的内容，包括附件，应真实无误。

（五）其他说明

（1）对于面临战略调整的重大发展机遇，拟设立的专业不受第二条"专业附加基本条件"的约束。

（2）根据学校的发展规划、专业布局和办学实际，对学校专业规模进行总量控制。学校每年增加的专业数量通常不超过5个，各二级学院每年增加的专业数量通常不超过1个。

（3）学校的专业设置要以教育部颁布的高校专业目录为基本依据。

二、专业动态调整标准

为了加强专业建设，优化学校专业布局和结构，更好地适应经济社会发展和学生发展等内外部需求，需促成良好的专业动态调整管理机制。具体可根据政府部门关于专业设置和学校实际情况的有关规定，制定专业动态调整标准。

（一）专业动态调整指标体系

学校专业动态调整面向有两届及以上毕业生的专业开展。本着客观、量化、可操作的原则，专业动态调整指标体系包括招生计划完成率和报到率、就业率、就业竞争力、专业相关度、满意度5个一级指标，以及第一志愿填报率、计划完成率、专业报到率、离校就业率、初次就业率、年终就业率、毕业三个月后平均月收入、就业现状满意度、专业相关度、课程教学满意度、教学管理满意度、学生管理满意度12个二级指标（表5-2）。

表5-2　专业动态调整指标体系

序号	一级指标	二级指标	备注
1	1. 招生计划完成率和报到率（40分）	1.1 第一志愿填报率（30%）	
2		1.2 计划完成率（40%）	
3		1.3 专业报到率（30%）	
4	2. 就业率（15分）	2.1 离校就业率（30%）	
5		2.2 初次就业率（30%）	
6		2.3 年终就业率（40%）	
7	3. 就业竞争力（15分）	3.1 毕业三个月后平均月收入（50%）	
8		3.2 就业现状满意度（50%）	
9	4. 专业相关度（15分）	4.1 专业相关度（100%）	
10	5. 满意度（15分）	5.1 课程教学满意度（50%）	
11		5.2 教学管理满意度（25%）	
12		5.3 学生管理满意度（25%）	

（二）专业动态调整指标计算

（1）招生计划完成率和报到率。招生计划完成率和报到率，包含第一志愿填报率、计划完成率和专业报到率三个维度，可分别选取当年各专业招生数据，按照从高到低的原则排序段分别赋分。其中，第一志愿填报率＝（第一志愿填报人数／计划数）×100%；计划完成率＝（录取数／计划数）×100%；专业报到率＝（报到数／录取数）×100%。

（2）就业率。毕业生就业率＝（已就业人数／毕业生总人数）×100%，就业包括签订就业协议、签订劳动合同、升学出国、自主创业、参加国家或地方基层项目等。离校就业率为截至当年6月30日毕业生就业率，初次就业率是截至当年8月31日的毕业生就业率，年终就业率为截至当年12月31日的毕业生就业率。

（3）就业竞争力。就业竞争力包含毕业生毕业三个月后的平均月收入、就业现状满意度两个维度，分别选取当年毕业生就业竞争力数据，按照从高到低的原则排序段（如果某专业因样本数不足而导致缺乏就业竞争力数据，默认该专业组指标数值等同于该指标排名最低专业数值，一并纳入排序）分别赋分。

（4）专业相关度。专业相关度是指毕业生及工作岗位与所学专业的相关情况，包括很不相关、比较不相关、一般相关、比较相关、很相关。专业相关度＝选择很相关＋比较相关＋一般相关的人数占毕业生数比例。分别选取当年毕业生专业相关度数据，按照从高到低的原则排序段（如果某专业因样本数不足而导致缺乏专业相关数据，默认该专业组指标数值等同于该指标排名最低专业数值，一并纳入排序）分别赋分。

（5）满意度。满意度包含课程教学满意度、教学管理满意度和学生管理满意度三个维度，分别选取当年毕业生的满意度，按照从高到低的原则排序段（如果某专业因样本数不足而导致缺乏专业相关数据，默认该专业组指标数值等同于该指标排名最低专业数值，一并纳入排序）分别赋分。

（三）动态调整规则

（1）依据指标体系权重所得专业综合指标得分排名处于当年所有专业排名最后两名，对该专业则给予黄牌警告。

（2）专业综合指标得分排名处于当年所有专业排名后6名范围内，对该专业则给予预警；得到预警的专业，若次年专业综合指标得分再次处于当年所有专业排名后6名范围内，则对该专业提出黄牌警告；得到黄牌警告的专业，若次年专业综合指标得分再次处于当年所有专业排名后6名范围内，则由黄牌转为红牌。

（3）专业综合指标得分排名处于当年全校所有专业排名前10名范围内，

则向该专业授予年度"绿牌"专业称号。

（四）结果使用

（1）预警专业。由二级学院对相关专业进行提醒，加大招生宣传、专业建设、就业指导等工作力度。

（2）黄牌专业。以前一年该专业招生计划数为基准，当年招生计划相应削减一个教学班（对于前一年招生计划仅有一个教学班的专业，当年该专业招生计划相应削减 25%）。如大类招生的专业出现黄牌情况，学校在制定当年分流方案时相应削减黄牌专业计划。

（3）专业被预警或被亮黄牌后，如次年该专业相关指标脱离警告区域，则恢复原计划招生。

（4）红牌。停止该专业招生。

（5）绿牌专业可根据实际办学条件与建设规划，由所在学院提出申请，经学校研究同意后，适当增加当年招生计划。学校在进行教育资源配置时，应向绿牌专业倾斜。

（6）以当年黄牌专业被削减的计划数作为机动计划，由学校统筹管理。机动计划分配原则如下。

第一，以专业为单位，由所在学院统一提出申请。

第二，首先满足绿牌专业增量申请；其次满足被削减计划的学院其他专业的增量申请（增量计划不得用于黄牌、预警专业）；最后满足其他二级学院专业的增量申请。

第三，同类情况下，申请增量计划的各专业间，在招生计划完成率和报到率、就业率、就业竞争力、专业相关度、满意度五项指标的由高到低排序中，首先满足专业综合得分靠前者，优先获得增量计划。

三、专业资源配置标准

专业资源配置标准是专业设定的专业人才培养目标达成度、专业教学正常运行所需的资源配置基本条件，包括师资队伍、教学设备设施、图书资源等要素，是专业管理的条件保障。学校专业资源配置基本标准根据教育部《普通高等学校基本办学条件指标（试行）》（教发 [2004]2 号），结合实际情况制定（表5–3）。

表5-3　专业资源配置基本标准

一级指标	二级指标	三级指标
1. 师资配备	1.1 教师数量	1. 专任专业教师数 2. 师生比 3. 兼职教师数
	1.2 教师结构	1. 专任专业教师学历情况 2. 专任专业教师职称情况 3. 专任专业教师"双师"素质比例 4. 专任专业教师所学专业与开设专业的一致性情况
2. 设施与设备配置	2.1 校内教学设施与设备	1. 实验、实习、实训场所及附属用房生均占有面积 2. 生均教学仪器设备值 3. 校内实践教学仪器设备与设施生均工位数 4. 实训室、活动场所等管理制度
	2.2 校外实习基地	1. 校外实习基地 2. 校外实训实习基地管理制度
3. 资源配置	3.1 纸质图书	1. 生均图书
	3.2 数字化资源	1. 数字化学习资源管理和应用平台 2 数字化资源

四、专业人才培养目标

（一）培养目标

依据社会、区域产业发展对人才的需求和学生职业发展需求，结合学校办学定位，在充分进行市场调研的基础上，厘清学生的初始就业岗位、职业迁移岗位和职业发展岗位，准确描述岗位对从业者知识、技能和素质的要求，确立学生在毕业五年后能达到的专业人才培养目标。同时，要基于每三年或四年一次的专业发展 SWOT 分析，修正人才培养目标。

（二）毕业要求

依据培养目标，从知识掌握及应用能力、分析研究与解决问题能力、学习能力、人际能力、个人素质等方面，厘清学生完成学业时应具备的毕业能力要求（包括知识、技能、素质方面），并分解细化成更具体、更易落实、更具可测性的毕业要求指标点，将学生毕业时能力的达成当作衡量毕业生培养质量的主要依据。

五、课程建设标准

（一）课程体系构建

（1）依据毕业要求指标点，将理论课程与实践课程、必修与选修、课内与课外结合起来，构建通识教育、专业教育相融合的课程体系，课程体系应覆盖所有毕业要求指标点。

（2）将学校与企业、教学与生产、素质养成与专业学习结合起来，创新人才培养模式，探索高校卓越人才培养模式，探索产教深度融合的人才培养体制机制，确保专业人才培养的时代性和科学性。

（3）理清课程的目标定位、教学进程、教学学时及其资源需求等，依据不同生源类型和学校专业教学标准编制要求，编制专业教学标准，接着经专业建设指导委员会认证，提请二级学院学术分委会审议，二级学院党政联席会议或扩大会议审定后，报学校备案。

（二）课程标准开发

（1）根据课程在人才培养中的功能定位及所辖的毕业要求指标点，确定课程目标，目标表述要具体、可测。依据课程目标选定课程内容，注重与职业标准、行业企业标准、国际标准的对接；按照学生认知规律和职业成长规律，合理安排课程内容顺序。明确课程教学对教师与实践资源配备等的要求，对教材与学习资料等的建议。思想政治教育、军事理论、体育等公共基础课建设要符合国家和省级相关政策要求。

（2）建立常态化的校企合作开发课程机制，明确校企合作开发课程的内涵，要求有关专业核心课程必须校企共同开发。

（3）组织课程标准与论证，且专业课程标准必须有不少于两名行业企业专家参与论证，形成课程标准送审稿后，由专业教学团队审定。

（三）课程教学实施

（1）理清课程目标与课堂教学目标的对应关系，突出职业能力培养，将专业前沿理论和技术融入课堂教学。突出学生主体地位，组织构建教学过程，采用有效实现课程目标的教学方法。

（2）以课堂教学目标达成作为课堂教学的检测依据，不断改进课堂教学形态，提高学生学习目标达成度。加强线上与线下相结合的课外辅导，帮助学生解答学习课程的疑难问题，培育学生良好的学习态度，促成学生正确的学习认知。

（3）基于学生课程学习情况分析和课程目标，将过程考核与结果考核结合起来，设计能有效反映学生态度、知识和技能，以达到课程目标要求的学业考核方案，科学合理鉴定学生学业成绩。

第三节　专业教学质量标准的编制

专业教学标准是学校设置的各专业人才培养和教育教学活动的纲领性文件，是各专业持续改进的基础。为了引导各专业理解专业与课程的逻辑关系，把握课程标准编写的内涵、实质和要求，学校教务处应制定专业建设标准编写指导性文件，提升各专业编写专业教学标准的有效性。

一、专业教学质量标准的编制逻辑

产出导向的高等教育坚持"以学生为中心"，关注学生在受教育后可以获得什么、能够做什么，这就要求学生的技能和能力是可观察、可测量和可应用的。根据专业建设目标和人才培养目标，可设计专业培养目标、毕业要求、课程目标和课堂教学目标之间的逻辑关系，构建完成专业教学标准在专业教学实施中的"目标—标准—实施—监控—评价—改进"运行机制。

专业培养目标是政府、学校、用人单位和社会对专业人才培养的期望，是对学生通过专业教育所取得成果的总体描述，因此将专业培养目标落实到人才培养"前沿阵地"，即课堂，就要求把培养目标具体化，层层分解为课程目标，再分解为课堂教学目标。只有通过一系列的教学活动、教学过程和教学设计，才能使所有的课堂教学活动都支持专业培养目标的实现。

因此，借鉴产出导向（OBE）的教育理念，对专业培养目标进行分解和提炼，归入课程建设的逻辑之中，强调以"学生学了什么"为目标，表达标准规范，同时以直接或间接评价为原则，构建专业培养目标、课程目标和课堂教学目标之间的逻辑关系，以有效保障专业培养目标的达成度。

二、专业教学质量标准编制与实施的总体思路

（一）依据需求确定与之相适应的专业人才培养目标

专业培养目标是对毕业生在毕业后五年左右能够达到的职业和专业成就的总体描述。确定培养目标须遵循两个原则：一是与多元利益主体的需求相适应；二是描述要准确到位及内涵准确，条理清晰。

（二）依据培养目标确定支撑其达成的毕业要求

毕业要求是对学生毕业时所应达到的能力与水平的具体描述，毕业要求应覆盖所有培养目标。培养目标是毕业生在毕业后五年左右要达到的能力水平，毕业要求则是毕业学生在毕业时要达到的能力水平。因此，它是对培养目标以能力为核心的具体化描述。

（三）将毕业要求分解细化，确定成毕业要求指标点

要对毕业要求进行分解细化，使每个能力要求下的指标点可测、可评价。确定毕业要求指标点时，应注意以下几个要点。

（1）指标点与毕业要求应有明确的对应关系。一般而言，一条毕业要求要分解成若干个指标点（如3个左右）。

（2）一条毕业要求可分解为数个指标点，但一个指标点不能对应多条毕业要求。

（3）指标点不能直接复制毕业要求，应以更具体、明确、可衡量的方式表述。

（4）指标点要有呼应毕业要求的精准度，它取决于表述指标点所用的动词。不同指标点，应该根据不同认知层次水平的要求，使用相应程度的表述动词。

（四）依据毕业要求指标点构建课程体系

毕业要求指标点搭建了一个毕业生应具备的能力结构，这个结构必须通过与之相适应的课程体系才能在教学中实现，它是课程体系构建的依据准绳。构建课程体系要遵循两条原则：一是课程体系能有效支撑毕业要求指标点搭建的能力结构；二是课程体系要科学合理，正确处理纵与横关系、课内与课外关系、显性与隐性课程关系。

毕业要求必须逐条落实到每一门具体课程中，其实质是建立起指标点与课

程体系之间的对应关系。课程、毕业要求、指标点三者间的关系通常可采用矩阵形式表达，称为课程矩阵，构建的课程体系应覆盖所有毕业要求与指标点。

上述步骤完成了将专业培养目标具体分解细化到课程的实践，是专业教学标准编制的核心内容。以下步骤则阐述依据课程矩阵的毕业要求与指标点确定课程教学要求、选取科学内容、编制课程标准的操作过程。

（五）根据本门课程所支撑的指标点确定课程目标

根据课程矩阵，明确本门课程有哪几个毕业要求指标点，依据指标点阐述课程目标，并以学生作为行为主体，采用外显性行为动词，逐一描述支撑指标点达成的学生所应具有的具体知识、技能和素质，也就是形成细化的学生学习达标的具体标准。

（六）依据课程目标确定相对应的教学内容

根据课程目标，依据教学进度安排以及专业课程体系，确定课程教学内容，分配教学课时数，并设计理论教学和实践教学环节。

（七）根据学生学习考核标准科学设计考核方案

根据学生学习考核标准科学设计检测学生是否达标的方法和手段，建立科学评定学生学业成绩的考核办法。

三、专业教学质量标准编制示例

（一）专业基本信息

专业信息示例如表 5-4 所示。

表 5-4　专业信息表

专业名称	学前教育	所在学院	学前教育学院
专业代码	……	专业负责人	……
学制	四年	学历 / 学位	……
生源类型		普通高招	□
		自主招生	□
		对口单招	□
		其他	□

（二）标准编制团队成员（含校外专家）

标准编制团队成员示例如表 5-5 所示。

表 5-5 专业教学标准编制团队主要成员名单

序号	姓名	工作单位	职称 / 职务
1	×××	×× 师范大学	教授 / 院长
2	×××	×× 师范大学	教授 / 系主任
3	×××	××× 幼儿园	正高级教师 / 园长
4	……	……	……
5	……	……	……

（三）职业面向及能力要求

职业面向包括：就业面向的行业、就业单位类型、主要就业部门以及可从事的工作岗位等信息。其中工作岗位包括初始岗位和发展岗位，初始岗位一般指毕业后能够胜任的岗位，发展岗位指毕业 3～5 年后能够胜任的岗位。应简要概括岗位工作内容和要胜任该岗位需要具备的能力。

（四）培养目标

培养目标是对该专业毕业生毕业 5 年左右能够达到的职业和专业成就的总体描述。可围绕在职业工作中解决实际问题发挥的作用、在跨团队合作领域中发挥有效的作用、具备很高的道德和伦理水准、养成终身学习的能力以及为区域经济社会发展所做的贡献等五个方面进行表述，可参照表 5-6。

表 5-6 某师范院校学前教育专业培养目标（示例）

序号		具体内容
A	厚师德情怀	能在教育实践中践行社会主义核心价值观，全面贯彻落实党的教育方针和国家教育政策，坚持立德树人、依法执教，把"四有"好老师落实到行动中，形成良好的教师职业道德修养；富有爱心、责任心和敬业奉献精神，为人师表，能坚定教师职业理想，做儿童喜爱的健康成长启蒙者和引路人

续　表

序号		具体内容
B	善科学保教	具有良好的人文、科学与艺术素养，掌握系统扎实的保教理论知识，灵活运用幼儿身心发展与学前保教知识，充分利用各种资源，创设有价值的学习环境、合理规划组织一日生活、支持引导幼儿游戏、有效开展教育活动、科学评价幼儿发展，具有较强的班级管理与沟通合作能力
C	勤实践反思	扎根实践，能在理论学习与教学实践互动中持续反思，发现问题、分析问题并创造性地解决问题；主动顺应学前教育改革发展趋势，具有追求卓越的意愿、终身学习的品质、科学创新的意识与持续学习的能力

（五）毕业要求

毕业要求应能够支撑培养目标的达成，应覆盖所有的培养目标。一条培养目标可以由多条毕业要求支撑，一条毕业要求也可以支撑多条培养目标，毕业要求数量一般不超过 15 条，可参照表 5-7。

表 5-7　某师范院校学前教育专业毕业要求与培养目标对照表（示例）

培养目标 毕业要求		目标 1 厚师德情怀 （大爱至美）	目标 2 善科学保教 （全面育人）	目标 3 勤实践反思 （追求发展）
践行师德	师德规范	●		
	教育情怀	●		
学会教学	保教知识		●	
	保教能力		●	●
学会育人	班级管理		●	
	综合育人	●	●	
学会发展	学会反思		●	●
	沟通合作			●

（六）毕业要求指标点

制定毕业要求指标点时应注意以下几点：一是要与毕业要求对应，一条毕业要求可以由几个指标点进行支撑；二是描述要具体可测，尽量用外显性行为动词，总数一般不超过 45 个。

指标点编制应按照培养目标，对毕业要求进行分解细化，准确表述要达到的层次，尽量不用低层次的动词来表述，可参照表 5-8。

表 5-8　某师范院校学前教育专业毕业要求的指标点分解表

毕业要求		毕业要求具体分解指标点
践行师德	[1] 师德规范	[1.1] 践行社会主义核心价值观，能够依据社会主义核心价值观正确分析和评判社会现象 [1.2] 贯彻党的教育方针政策，以立德树人为己任，遵守教育法律法规，具有依法执教意识，践行幼儿园教师职业道德规范 [1.3] 自尊自律，思想政治信念坚定，立志成为"四有"好老师
	[2] 教育情怀	[2.1] 认同学前教育对于幼儿终身发展的奠基意义和独特价值，具有从事学前教育工作的自觉性和事业心，认同幼儿教师职业的意义和专业性，有从教的意愿，有职业理想 [2.2] 具有人文底蕴和科学精神，具有积极向上的情感、端正奋发的态度。 [2.3] 具有正确的教育观、儿童观，富有爱心、责任心、耐心，平等对待每一个幼儿，愿意做幼儿健康成长的启蒙者和引路人 [2.4] 尊重幼儿的人格，维护幼儿的权利，秉承职业的敬业精神，将保护幼儿生命安全放在首位
学会教学	[3] 保教知识	[3.1] 具有一定的自然科学知识和人文社会科学知识，具备基本的艺术素养，具有相应的艺术欣赏和表现能力 [3.2] 具备一定的现代信息技术知识，掌握基本的多媒体教学技术以及信息检索等信息技术 [3.3] 掌握幼儿身心发展规律及学习特点，掌握促进幼儿全面发展的教育策略与方法 [3.4] 掌握相关学科基本知识，掌握幼儿园保育与教育的基本方法，注重各类相关知识的有机联系与整合
	[4] 保教能力	[4.1] 能够科学规划和组织一日生活，照料幼儿日常生活，熟悉班级常规保育和卫生工作 [4.2] 能够合理利用资源，提供丰富、适宜的活动材料，进行科学的环境创设活动 [4.3] 能制定教育活动计划和具体活动方案，并能组织和实施教学活动，运用各种组织形式和适宜的教育方法支持和促进幼儿学习 [4.4] 能够设计与支持游戏活动，提供适宜的游戏条件，引发和促进幼儿的游戏活动 [4.5] 能用观察、谈话、作品分析等方法对幼儿进行观察、分析与评价，能够对幼儿园教育过程与效果进行合理评价

续 表

毕业要求		毕业要求具体分解指标点
学会育人	[5] 班级管理	[5.1] 能掌握班级管理工作的基本方法，依据幼儿园班级的特点，建立适宜的班级秩序和活动常规，营造良好的班级氛围 [5.2] 能合理利用时间和空间，创设支持和引发幼儿活动的班级环境 [5.3] 能建立良好的师幼关系和同伴关系，让幼儿感到安全和舒适，同时要为人师表，言传身教，注重自身榜样示范的力量
	[6] 综合育人	[6.1] 重视环境育人的意义，理解一日生活和园所文化的重要价值，将教育渗透于日常生活，把握和利用多种教育契机，对幼儿进行随机教育 [6.2] 重视家庭在儿童教育中的重要作用，引导家长理解并认同科学的教育观念，协同解决实际的幼儿教育问题；能充分利用社区的教育资源，协助幼儿园与社区建立合作互助的良好关系 [6.3] 注重培养幼儿良好的学习品质和行为习惯
学会发展	[7] 学会反思	[7.1] 具有终身学习与不断提升专业水平的意识，能制定符合自身实际，顺应时代发展的学习和专业发展规划 [7.2] 了解国内外学前教育改革发展趋势和动态，具有一定借鉴先进教育理念和经验开展教学的能力 [7.3] 具有初步的反思、教科研和创新意识，初步掌握反思的技能，能主动收集相关信息，运用所学知识分析和解决幼儿园教育实践中的问题，改进保教工作
	[8] 沟通合作	[8.1] 认同学习共同体的价值，具有良好的团队意识及合作能力 [8.2] 积极参与观摩互助、小组学习等协作学习活动，乐于与学习伙伴分享交流 [8.3] 具备与幼儿、家长、同行、社区等沟通交流的基本方法与技能，共同促进幼儿发展

（七）专业课程体系

专业课程体系应覆盖所有毕业要求，支撑所有指标点的训练与培养，可采用课程矩阵的方式，具体课程、毕业要求和毕业要求指标点三者之间的对应关系可参考表 5-9。

表 5-9　课程体系对专业毕业要求的支撑矩阵表（示例节选）

课程类别	课程模块	课程名称	毕业要求（按二级标准的 8 个毕业要求）							
			践行师德		学会教学		学会育人		学会发展	
			1 师德规范	2 教育情怀	3 保教知识	4 保教能力	5 班级管理	6 综合育人	7 学会反思	8 沟通合作
公共基础课程	必修	思想道德修养与法律基础	H*	M					L	M
		毛泽东思想和中国特色社会主义理论体系概论	H*	H					L	M
		形势与政策	H	M					M	
		大学生心理健康教育		L	M				M	H
		……								
专业教育课	专业基础课程	学前儿童保育学		L	H*	H				
		学前儿童发展科学		M	H*	H				
		学前教育学		M	H*	H		H		
		……								
	专业主干课程	幼儿游戏			H	H*			M	L
		学前儿童健康教育			H	H	H		M	L
		……								
	专业拓展课程 · 必修课	儿童行为观察与分析			L	H			H	L
		……			H	H*		H	M	
	专业拓展课程 · 选修课	0～3 岁婴儿保育与教育	L	M	H	H				
		……		M	H	H				
	选修课	自然科学			M	M				
		……			L					

续 表

课程类别	课程模块	课程名称	毕业要求（按二级标准的 8 个毕业要求）							
			践行师德		学会教学		学会育人		学会发展	
			1 师德规范	2 教育情怀	3 保教知识	4 保教能力	5 班级管理	6 综合育人	7 学会反思	8 沟通合作
集中实践课程	教育实践	教育见习	H	H*		H	M	M		
		教育实习（项目实习）	H	H*		H	M	H*	H	H*
		教育实习（毕业实习）	H	H*		H	H*	H*	H	H*
		教育研习	H	H*	H		H*	H*	H	H*
		毕业论文		M		H	M			H*

注：H 代表教学环节对毕业要求高支撑，M 代表教学环节对毕业要求中支撑，L 代表教学环节对毕业要求低支撑。* 为与每项毕业要求达成关联度最高的 2～3 门课程。

（八）专业课程方案

专业课程学分计算的最小单位为 1，1 学分相当于学生在教师指导下进行课程学习 18 学时，并经考核合格。以周为单位的实践必修课（如毕业教育、综合实践、毕业环节等）按每周 1 个学分计。公共基础课程（包括必修和选修）学分认定标准按照学校有关规定执行。每个专业应设定毕业基准学分，并根据专业特点分别设定专业课程总学分（包括专业基础必修课、专业方向必修课、毕业实践必修课、专业拓展选修课），各类课程学分可根据人才培养需求做动态调整。另外，校级选修课、二级学院特色选修课程、专业特色选修课程要占一定的比例。具体见表 5-10。

表5-10 专业教学进度表（示例节选）

性质	类别	序号	课程名称	考核方式	学分	总学时	理论学时	实践学时	学时安排						考试学期
									1	2	3	4	5	6	
									18	18	18	18	18	18	
公共基础课程	必修	1	思想道德修养与法律基础	考试	3	54	36	18	36						
		2	……	考查	4	72	72	0			36	36			
	选修				8	144	144			72		72			
										4		4			
专业教育课程	专业基础课程	1	学前儿童保育学	考试	3	54	40	14	54						1
		2	学前儿童发展科学	考试	3	54	40	14	54						1
		3	教育法规	考查	1	18	14	4	18						1
			……												
	专业主干课程	1	幼儿游戏☆	考试	2	36	26	10				36			4
		2	学前儿童健康教育☆	考试	2	36	18	18		36					
		3	……												

续　表

性质	类别	序号	课程名称		考核方式	学分	总学时	理论学时	实践学时	学时安排						考试学期
										1 18	2 18	3 18	4 18	5 18	6 18	
专业教育课程	专业拓展课程	必修	1	儿童行为观察与分析	考试	1	18	10	8			18				
			2	……												
		选修	儿童学习与发展	1 0～3岁婴儿的育保与教育	考查	2	36	24	12			36				
				2 ……												
				3 ……												
			教师专业发展	1 幼儿教师心理健康	考查	1	18	12	6			18				
				2 教育沟通艺术	考查	1	18	12	6			18				
				3 教育名著选读	考查	2	36	27	9				36			
				4		1	18	4	14			18				

续　表

性质	类别	序号	课程名称	考核方式	学分	总学时	理论学时	实践学时	学时安排						考试学期
									1	2	3	4	5	6	
									18	18	18	18	18	18	
集中实践课程	教育实践	1	教育见习		3	75		75	1～2学期每周半天下园，核心课程每学期集中见习2天，累计3周。						
		2	教育实习（项目实习）		2	50		50	3～4学期每周半天下园进行领域实习，累计2周。						
		3	教育实习（毕业实习）		16	400		400					16周		
		4	教育研习		2	50		50					2周		
	毕业论文				4	100		100					4周		
	军事技能课				2	50		50	2周						
	社会实践（含创新创业和劳动教育）				2	50		50							

注：1. 课程方案中各类别的课程包括实训课程、毕业设计（论文）、毕业实习、顶岗实习等，课核心课程加"☆"表示。

2. 课程考核方式，分为"考查/考试"。

3. 表格中实践学时指的是理论课中单独开设的实验实训课时、整周实训的实践课时数；教育研习的学分、学时、周数含在教育实习（毕业实习）内。

（九）主要核心课程内容（一门课程一张表）

主要核心课程内容示例如表 5-11 所示。

表 5-11　×××××（课程名称）主要内容（示例）

课程名称	×××××
开设学期	第 4 学期（基准学时：36）
毕业要求指标点	掌握幼儿身心发展规律及学习特点，掌握促进幼儿全面发展的教育策略与方法。
课程目标	课程学习目标 1：建构正确的儿童观，认同幼儿教师职业的意义，自觉地运用学前儿童心理发展相关知识去关注儿童的典型表现并思考学前教育中的实际问题 课程学习目标 2：解释学前儿童在动作、认知、情绪情感、个性和社会性等方面发展的基本规律；辨别感觉与知觉、有意与无意、气质与性格等概念；举例说明学前儿童心理发展规律在教育活动中的应用 课程学习目标 3：能识别案例中幼儿行为所反映的心理现象，运用相应心理现象的特点解读幼儿行为，并分析成因 课程学习目标 4：正确评价各种教育方法或策略的合理性和有效性，针对学前儿童的心理发展特点自主制定恰当的教育对策
课程内容	1. 学前儿童动作发展 2. 学前儿童认知发展 3. 学前儿童情绪情感发展 4. 学前儿童个性发展 5. 学前儿童社会性发展

（十）专业教学基本要求

1. 专业教学团队基本要求

基本要求可围绕以下几点进行阐述：专业教学团队的人数、"双师型"教师的比例、专业团队职称结构、年龄结构、专业带头人、专业骨干教师、对校外兼职教师的要求。

2. 实践教学条件基本要求

（1）校内实训室基本要求（一个实训室一张表）如表 5-12 所示。

表 5-12　XXX 专业实训室

序号	实训室名称	面积要求（㎡）	可开展实训项目	备注
1	建构实训室	100	拥有种类丰富、材料多样的建构材料，学生可以在实训室进行各类建构作品搭建、经典产品建构、建构技能学习与训练、模拟幼儿园建构游戏、指导幼儿进行建构游戏等活动，并实施相关的研究活动	专业共享
2	玩教具实训室			
3	……			

（2）校外实习基地要求

合作深度包括深度合作型、紧密合作型、一般合作型三个等级。各等级标准参照校外实践教学基地建设标准。实习基地用途为学生实习、生产性实训、顶岗实习等（表 5-13）。

表 5-13　×××专业校外实习基地

序号	校外实习基地名称	合作单位（企业）名称	用途	合作深度要求
1	×××幼儿园	……	毕业实习、顶岗实习等	深度合作型
2	×××儿童学园	……	游戏见实习、顶岗实习	紧密合作型
3	×××早教中心	……	保育见实习、毕业实习	一般合作型
4	……			

3. 使用的教材、数字化（网络）资料等学习资源

教材类型包括国家（省）规划教材、精品教材、重点教材、行业部委统编教材、自编教材等（表 5-14）。

表 5-14　XXX 专业教材及参考书籍选用表

序号	教材名称	教材类型	出版社	主编	出版日期
1	学前心理学	规划教材	复旦大学出版社	钱峰，汪乃铭	2012 年 7 月
2	……	……	……	……	……

续 表

序号	教材名称	教材类型	出版社	主编	出版日期
3	……	……	……	……	……

数字化资源如表 5-15 所示。

表 5-15　XXX 专业数字化资源选用表

序号	数字化资源名称	资源网址
1	《学前心理学》在线课程	http://www.icourse163.org/course/FJYS ～ 1205952802
2	……	……
3	……	……

（十一）继续专业学习深造的途径

继续专业学习深造的途径可围绕继续进行专业学习深造的具体途径、基本要求展开表述。

（十二）其他说明

其他说明包括本专业学生毕业应获取的职业技能（资格）证书、外语水平等。

第四节　专业评估标准的编制

专业评估标准是专业设置、专业建设、专业教学实施和专业评价的依据。加强专业建设，开展专业评估，旨在完善校院两级教学管理体系，强化二级学院办学功能，促进专业形成自我约束、自我发展的机制；有利于全面提升专业建设整体水平，完善专业教学质量保障体系，不断提高教学质量和办学效益。评估结论作为学校加大专业建设投入的重要依据，有利于学校做大品牌专业，做强特色专业，培育新兴专业。

一、专业评估基本原则

（1）专业自评与专家评估相结合。以专业自评为基础，专家评估相配合，建立和完善学校人才培养质量保障机制。

（2）结果评价与过程测评相结合。既要考查人才培养的效果，也要注重人才培养工作的过程，更要针对专业的改革与发展提出建设性思路与办法。

（3）规范管理与特色发展相结合。既要推动二级学院管理和专业建设符合学校的统一规范，也要照顾专业实际，培育专业特色。

二、专业评估实施程序

每个专业的评估原则上三年一轮，每次评估重点考查一届学生的培养情况和完整教学资料。

专业评估由学校教学质量保障委员会负责，由质量监控与评估中心具体组织。专业评估程序如下所述。

（一）前期准备

（1）二级学院按照相关规定扎实开展专业建设工作，进行专业改革，规范专业管理。

（2）质量监控与评估中心会同职能部门，做好全校各专业的日常监督、检查、测评和反馈工作，促进二级学院加强专业建设和管理。

（二）专业自评

二级学院组织各专业进行自评，主要检查专业定位、培养目标、专业建设规划及实施完成情况，并据此组织各相关专业制定自评报告，形成支撑材料。

之后，二级学院自行聘请校外评审专家对其各个专业的自评报告和支撑材料进行评审，以提出专业建设改进意见和建议。校外评审专家名单须报质量监控与评估中心备案。各专业根据校外专家的初审反馈意见对自评报告进行修改，修改后的自评报告纸质材料（含二级学院签署意见）一式一份、自评报告和支撑材料电子版要送交质量监控与评估中心。

（三）校外函审

质量监控与评估中心汇总各专业自评报告和支撑材料，委托校外第三方专业评估机构对各专业自评材料进行函审。

（四）现场评估

学校质量监控与评估中心委托校外第三方专业评估机构聘请校外专家及相关教学管理人员组成评估专家组（一般是 5～7 名专家）莅校实地考察。他们通过听汇报、查阅材料、座谈、听课和现场考察等方式，深入二级学院检查各专业建设成效和教学管理的规范性。最后，评估专家组根据自评报告和现场实地考察情况，完成评估反馈意见，提出整改建议。

一个专业的现场评估一般需要 1 天时间，具体程序如下。

（1）听取专业负责人报告和现场质询。

（2）现场查阅教学资料、抽取听课。

（3）对学生进行学习成效检查。

（4）召开师生座谈会。

（5）专家评分、质量监控与评估中心汇总。

（6）专家现场反馈。

（7）学校教学质量保障委员会主任宣布评估结论。

（五）后续处理

（1）各专业根据专家评估反馈意见和建议，完成专业整改方案并报送教务处。

（2）质量监控与评估中心发布评估结论及奖惩公文。

（3）人事处落实奖惩决定。

（4）学校对评为"优秀"和"良好"的专业进行授牌表彰。

三、专业评估结果处理

（一）评估结论标准

评估结论分为优秀、良好、合格、不合格（待整顿专业）四种。"优秀""良好"与"合格"的评估结论有效期为三年，即从结论认定的次月算起。

（二）评估结论生成办法

（1）5～7 名专家（奇数）按照二级指标逐项评价，并填写相应评价表。

（2）每项二级指标的结论按照专家评审分数"计算平均数"的原则确定，即 A、B、C、D 的评审分数分别为 4、3、2、1 分，每项二级指标平均得分在 3.5 及以上的为 A，在 2.5～3.5 之间的为 B，在 1.5～2.5 之间的为 C，1.5 分以下的为 D。

（3）整个专业的评价结论在二级指标的结论上生成，具体认定标准如下。

优秀：二级指标 A ≥ 17、C ≤ 2、D=0。

良好：二级指标 A ≥ 10、C ≤ 7、D ≤ 1。

合格：二级指标 B ≥ 10、D ≤ 3。

不合格：未达到合格等级的专业。

（三）专业评估参评要求

（1）凡有一届毕业生的新增专业，必须在首届学生毕业的次年接受专业评估。

（2）前一轮专业评估结论为"优秀""良好"和"合格"的专业，必须在有效期满的当年接受第二轮专业评估。

（3）前一轮专业评估结论为"合格"有效期未满，但二级学院申请提前再评的专业。

（4）前一轮专业评估结论为"不合格"的专业，必须在警告期满的当年再次接受专业评估。

（5）在规定期限内未参评的专业，按评估结论"不合格"处理。

（四）专业评估结果使用

（1）被评为"优秀"的专业，在有效期限内相应专任教师的绩效工资上浮20%（第二、第三年不叠加，下同），学年度考核优秀名额上浮 5%，校内兼课专业教师的讲课酬金上浮 20%。

（2）被评为"良好"的专业，在有效期限内相应专任教师的绩效工资上浮10%，校内兼课专业教师的讲课酬金上浮 10%。

（3）逾期不参评或被评为"不合格"的专业，给予一年的警告期，在警告期内维持原有的绩效工资，且其专任教师的学年度考核优秀名额下调 20%。警告期满，仍不参评或再次被评为"不合格"的专业，专任教师的绩效工资（从被评为"不合格"的次月算起）下调 20%（不叠加），学年度考核不能评为优秀；校内兼课专业教师的讲课酬金下调 20%；专任教师和校内兼课专业教师的职称均不得晋级。连续三年不参评或被评为"不合格"，该专业停止招生。

（4）上述专业专任教师和校内兼课专业教师，均不含公共基础、教师教育和公共选修课的教师，学校将对公共基础、教师教育和公共选修课的教师另外实施考评与奖惩。

（5）跨系任课的专业专任教师，等同于校内兼课专业教师。

四、专业评估指标体系

设计专业评估指标体系必须坚持突出诊断的发展性功能、强调持续改进导向和评估方法程序的有效性等原则。

在专业评估指标体系架构上，一是要基于专业人才培养目标实现基本资源和条件建设；二是在基本条件符合的基础上，要确保专业人才培养目标设定有力支持内外部需求。

基于此，设计包括专业建设规划、人才培养模式、专业课程体系、实践教学体系、学生素养、教学改革、师资队伍、教材建设、教学管理和专业建设成效 10 个一级指标以及 24 个二级指标，具体见表 5-16。

表 5-16　专业评估指标体系

一级指标	二级指标	三级指标内涵
1. 专业建设规划	1.1 专业建设规划	1. 专业建设实施方案 2. 专业人才市场需求调研及分析 3. 专业动态调整机制 4. 专业群建设
	1.2 人才培养目标	1. 坚持立德树人、全面发展，人才培养目标符合社会需求，符合职业资格标准，符合学生的实际情况 2. 素质、知识和能力要求与目标定位一致
2. 人才培养模式	2.1 人才培养模式改革	1. 产教融合的协同育人工作机制 2. 专业特色的校企合作人才培养模式
	2.2 人才培养方案制订	1. 成立专业建设指导委员会，并参与人才培养方案制订 2. 制订具有专业特色的专业人才培养方案 3. 人才培养方案能够适应区域教育改革要求、发展趋势或行业需要 4. 人才培养方案体现产教融合、校企合作特点 5. 人才培养方案调研、论证、制订规范科学，形成完善的专业调研制度和机制 6. 新生素质调查和一次毕业生跟踪调查，并依据调查结论不断完善人才培养方案

一级指标	二级指标	三级指标内涵
3. 专业课程体系	3.1 专业课程设置与结构	1. 依据职业岗位能力要求和学生的职业生涯需要，选择教学内容、设置课程 2. 产出导向的课程体系 3. "课程思政"与"思政课程"建设 4. 创新创业教育课程体系
	3.2 课程标准建设与实施	1. 课程教学特色 2. 有效实施学历证书与职业资格证书"双证融通"改革 3. 创新创业能力成为评价人才培养质量的重要指标
4. 实践教学体系	4.1 实践教学的设计和实施	1. 实践教学体系 2. 实训教学大纲 3. 实践教学组织方式 4. "双导师"实践教学师资队伍 5. 实践教学质量
	4.2 实训（验）室条件建设	1. 有实训（验）室建设规划，能够按计划落实 2. 管理制度健全，并严格执行 3. 有稳定、充足的建设经费，使用合理、高效 4. 实训（验）室及设备配备完善，能够满足实训（验）教学需要 5. 实训（验）室设施运行、管理情况好 6. 实习实训考核评价 7. 学生顶岗实习责任保险
	4.3 实践基地条件建设	1. 有稳定的校内外实践教学基地，能满足专业人才培养对实习实训的需求 2. 校内实训文化建设富有特色，实训室利用率高 3. 校企深层次合作建设实践基地
5. 学生素养	5.1 学生素养培养体系构建	1. 有机融合职业技能与职业精神，明确职业素养的培养目标、环节和内容 2. 形成贯穿于理论教学、实习实训和第二课堂活动之中的职业素养培养体系
	5.2 学生素养考核	1. 学生素养培养方案 2. 学生的评价考核体系

续 表

一级指标	二级指标	三级指标内涵
6. 教学改革	6.1 教学方法与手段	1. 坚持以学生为中心实施教学改革 2. 教学模式创新 3. 利用现代信息化手段开展教学 4. 建立完整的教学资源库，实现网络互动教学
	6.2 课程考核和评价体系	1. 课程考核评价体系及标准 2. 评价方式改革 3. 考核和评价体系创新
7. 师资队伍	7.1 师资队伍规划及结构	1. 专业教学团队培养规划及实施 2. 结构合理的专业教学团队 3. 有创业导师队伍
	7.2 师资队伍建设	1. 师德师风建设的长效机制 2. 专业带头人及其培养计划 3. 促进教师专业成长的教师进修培训制度 4. 教师"双师"培养制度 5. "传帮带"青年教师助推制度
	7.3 师资队伍管理	1. 教师大会制度 2. 教研活动制度 3. 严格执行教学公开课制度和评课制度 4. 教师量化考核制度和绩效工资改革 5. 兼职教师管理制度 6. 师资队伍质量
8. 教材建设	8.1 教材建设	1. 校本教材建设规划 2. 校本教材建设体现校企合作 3. 校本教材符合课程标准 4. 本专业有出版过各级教材（国家级或省部级规划教材等）
	8.2 教材选用	1. 选用教材标准 2. 国家或教育部规划教材使用情况 3. 选用教材符合课程标准 4. 教材选用程序规范，把关严格，及时完成 5. 重视教材库建设，及时更新教材库

续　表

一级指标	二级指标	三级指标内涵
9. 教学管理	9.1 管理制度建设	1. 专业教学管理制度 2. 专业教学质量保障体系 3. 教学主要环节质量标准 4. 教学工作计划与实施
	9.2 主要环节管理	1. 教学任务落实 2. 课程表的编排与发放 3. 教学进度表安排 4. 考务管理
	9.3 教学档案与文件	1. 教学档案场地与人员 2. 教学基本文件和教学管理档案保存 3. 教学档案与文件管理及使用
10. 专业建设成效	10.1 人才培养质量	1. 毕业生就业率 2. 新生第一志愿录取率 3. 毕业生"双证书"获取率 4. 毕业生就业情况跟踪及用人单位调查 5. 学生创业成效 6. 学生在省级以上技能大赛获奖 7. 学生创新成果 8. 用人单位对毕业生总体评价高
	10.2 教学质量工程	近三年新增校、省级以上教学质量工程项目
	10.3 示范效应	1. 人才培养模式创新方面 2. 专业建设方面 3. 社会服务方面

第六章 基础保障：
课程教学质量的监控与评价

第一节 课程教学质量监控评价体系的构建

课程教学是高校人才培养的主要渠道和载体，其直接影响教学整体质量和学校的办学水平。课程教学质量保障是培养高素质人才最基本的保证，是教学质量保证的核心。

一、现实意义

学校办学水平和教育质量是各专业人才培养质量的综合体现，各专业人才培养质量必须由专业课程体系、课程教学质量来保证。各种课程体系有机结合构成了专业培养体系，而保证教学质量的关键是保证课程教学质量。因此，没有课程教学质量的保证，就不能提高专业人才培养质量，也不能保证学校的办学水平和教学质量。它们之间的关系如图 6-1 所示。

图 6-1　高校教学质量的关系图

提高教学质量，实现人才培养目标，离不开高水平的教学管理。合理有效的教学质量监控评价具有监督、诊断、调节、改进和激励的功能。它能使学校各职能部门、各教学单位更准确地掌握教师队伍和教学情况，有计划地进行教师队伍建设和教学改革，对于推进高校课程教学改革，提高人才培养质量，具有十分重要的意义。建立一套科学合理的课程教学质量监控与评价体系，及建立可控的课程教学模式，有助于提升教学管理的科学化水平，有助于提高教师的教学水平，不断提高课程教学质量。

构建贯穿课程教学全过程的质量监控与评价体系，将影响课程教学质量的环节和要素统一为一个完善的质量保证范畴，可以加强对课程教学各个环节质量的监控、评价、反馈和提高。课程教学质量监控与评价是对整个课程教学过程和结果进行监控和价值判断的活动，它不仅包括对教师教学过程的全面评价，还包括对学生学习效果的评价，主要包括课程教学条件、课程体系建设、课程教学环节、教师教学水平、教学内容和方法、教学效果、学生学习效果和教学目标的实现。课程教学质量监控与评价是教学过程管理的有效手段和保证，是保证教学质量的重要手段和现实措施。

二、基本原则

课程教学质量监控评价体系构建要坚持"学生中心、产出导向、持续改进"的工作理念，要建立科学合理的课程教学监测评价指标体系，采用先进可行的监测评价方法和手段，通过严格的评价程序，通过多方独立的监测对课程教学质量进行综合评价，为实现学校发展目标和提高专业人才培养质量提供保障。

在体系构建过程中，应遵循以下原则。

（一）客观性原则

课程教学质量监控评价体系的构建必须符合全面质量管理理论，符合高等教育和高校管理的客观规律，符合社会发展的需要，符合学校办学的客观条件。在实际操作过程中，应采取实事求是的态度，系统、客观、真实、准确地反映教学情况，注意客观条件与主观能动性的结合、定性评价与定量评价的结合，运用多种评价工具进行评价，同时还要关注师生的实际情况及其发展趋势。

（二）指导性原则

课程教学质量监控评价体系中的质量标准、课程评价和评价指标本身就是一种标准，具有指导作用。因此，质量标准的制定和指标体系的设计必须符合高等教育的教学规律和学校的特点，以达到科学的标准和适宜的体系；要根据实际情况调整指标体系和权重，使评价体系、评价内容和培训目标相一致，有明确的指导意义。

（三）可行性原则

在课程教学质量监控评价中，应注重对教学过程的监控。教育评价是对教育现象的真实测量和评价，是基于测量和评价结果的价值判断，具有较强的实践性和可操作性。因此，在构建课程教学质量监控与评价体系的过程中，监控与评价指标体系和评价方法应简单易行。评价指标体系应与具体评价对象和具体评价内容的个体特征紧密结合，并应符合高校实际，反映不同学科或专业的特点。

（四）发展性原则

教学质量监督评价不是目的，而是手段，教学质量监督评价的目的是促进教学质量持续改进。因此，在构建课程教学质量监控与评价体系的过程中，必须充分满足师生发展的需要，充分发挥师生的自我激励、自我调节和自我完善作用，调动教师的积极性、主动性和创造性。

三、建设目标

通过建立完善的课程教学质量监控评价体系，建立教学各方面的质量标准，监控、评价和规范整个教学实施过程，引导师生遵循教育规律，规范教与学行为，提高教与学的效率，最终达到保证和提高人才培养质量的目的。建立课程教学质量监控评价体系，可以及时向教师反馈信息，使其产生动力或压力，并及时主动地调整和改进教学；它还可以为教育教学活动的控制提供依据，为各种学校奖惩制度提供基础数据支持，为学校战略管理和决策提供参考。其根本目的是提高教育整体水平和人才培养质量。

四、体系构建

要从高校发展的实际出发，坚持全面质量管理理念，按照 PDCA 质量管理的相关要求，以课程教学的基本环节为基础，加强组织体系、标准体系、运行体系、反馈体系和激励体系五个方面的建设工作，致力于形成以人为本、贯穿全程、多元参与的课程教学质量监控评价体系。

（一）组织体系

学校课程教学质量监控评价的组织体系可分为三个层次：学校层次、学院层次和学生层次。其中，学校管理层包括教学管理部门和质量管理部门，主要有学校教务处、教学督导办公室等机构，责任主体包括学校管理层、教学管理人员、教学督导组和二级学院管理人员、二级学院督导人员、专业负责人、课程教研室主任以及授课教师等。学生层次主要包括各班级教学信息员、学习委员和全体学生。三个层次相辅相成，共同发挥课程教学质量监控与评价的作用，学校负责课程教学质量的宏观管理、监控与评价，学院负责课程教学质量的具体实施与生成，学生负责对课程教学质量进行反馈和评价。

（二）标准体系

要加强课程教学质量管理，建立各环节教学质量标准，逐步形成规范、全面和科学的质量标准体系，指导和规范课程教学质量的监督和评价。建立质量标准体系是课程教学质量保障的主要环节，学校应根据人才培养目标的要求，结合实际，结合专业教学环节的特点，制定相应的质量标准。课程教学质量标准如下。

第一，教学质量的总体标准。总标准反映在修订后的专业人才培养方案中。专业人才培养计划是人才培养质量的总体要求和目标。围绕这一培养目标，要进行教学体系和课程体系设计。

第二，主要教学环节标准。为了规范教师的教学工作，要根据学校教学工作管理制度和规范文件，明确规定教学质量标准的主要环节。在理论教学和实践教学方面都应制定相应的质量标准。

此外，还应加强对教学质量标准的规范化管理。教学管理部门应通过期初、期中、期末的教学检查，完善质量标准，确保质量标准的贯彻执行。根据学校对课程教学质量的要求和规定，规范教学各环节的质量标准，及时收集、分析和反馈教学质量信息，使教学管理人员、教师和学生等主体能够及时掌握教学各环节的教学质量。

（三）运行体系

教学质量管理制度是有效监督和评价的前提，是教学质量监控和评价过程中各种质量管理体系和机制的有机结合。教学质量监控评价运行制度主要包括以下方面。

（1）教学检查制度。教学检查是将日常教学检查与定期教学检查结合起来进行的。日常检查：各级教学管理人员巡视课堂、听课，以检查教学进度、教学秩序以及教师与学生上课情况，不定期召开教师或学生研讨会，了解教学情况。定期检查分三个阶段进行：期初检查、期中检查和期末检查。每次针对教学检查的结果，应及时向学校领导和有关部门提出合理的教育教学建议，供学校领导尽快研究决定；检查中发现的问题，应当及时报告有关部门整改。

（2）领导干部和教师听课制度。开展听评课是提高教学质量的重要手段，不仅有利于教师之间的相互学习和提高，而且有利于各级领导的检查工作，及时了解教学情况，对教师进行评价。听者应认真填写记录，并通过适当的方式反馈给老师。

（3）教学督导制度。聘请国内外专家组建高校两级教学督导小组，对教学督导小组进行监督、检查、评价、指导、服务和咨询。通过课堂评价、参与教学质量检查、召开师生座谈会等方式，对普遍存在或突出的教学问题进行研究，并提出解决问题的具体建议。

（4）教学与考试分离制度。探讨在课程教学和考试中建立"教考分离"的制度。教学与考试的分离要求教师严格按照课程安排教学，使学生充分掌握课程内容。实行教考分离制度，对提高考试的可靠性，创造良好的教与学方式，及提高教学质量具有积极意义。"教考分离"是课程评价体系改革的有效措施，其基本措施包括建立试题库（卷）和交叉命题库。

（5）学生教学信息员制度。每个教学班任命一名教师信息员，每月以书面形式向学院和专业反馈教师教学和教学管理情况。

（四）反馈体系

课程教学质量监控评价的信息反馈体系，是通过建立教学质量信息数据库，及时收集、整理和分析教学质量信息，并及时反馈给相关责任主体的运行机制系统。为了充分发挥多元主体参与教学质量管理的积极性，需构建多渠道的教学质量反馈体系。其主要可分为三个渠道：教学管理、教师和学生。

（1）教学管理渠道。主要包括学校和学院的管理干部、教学管理人员和教学督导人员；期初、期中和期末的教学检查；师生座谈会。

（2）教师渠道。主要包括教师同行的听课、教师课程教学材料以及课程教研室的集备活动等。

（3）学生渠道。主要包括学生个人信息的日常反馈；学生满意度调查与教学评价等。

其中，学生信息员的反馈应作为课程教学常态化反馈的主要渠道，要加强学生信息员教学信息反馈网络的构建，即教学信息反馈网络由学校、学院和班级三个层面构成：每个行政班（或教学班）设教学信息员一名；各二级学院设教学信息站长一名（由学院学生会学习部长担任）；学校设教学信息部长一名（由校学生会学习部长担任）。在日常管理上，班级学生教学信息员的日常管理工作由二级学院教学信息站长负责；学校教学信息部长负责各二级学院教学信息站长的联络、协调工作；学校的教学信息反馈工作由教务处、学生处和质量监控中心共同负责。

（五）激励体系

课程教学质量监控评价的激励机制是指学校对课程教学质量建设的一套激励和约束机制。教学奖惩制度将评价结果与被评价人的切身利益有机地联系起来，有利于调动教师和教学管理者的积极性，不断提高教学质量监督的实效，真正体现"多劳多得、赏罚分明"。

（1）在教师教学工作方面。教学质量评价与教学质量奖的评价相联系，是教师职称提升、教学成果评价和其他教师个人奖励的重要参考。

（2）在教学管理工作方面。在教学管理、教学改革、课程教学评价等方面，设立一个奖项表彰优秀的评价人员。如果工作不到位，单位和个人还要按照有关制度追究责任。

通过完善激励机制，可建立科学合理的激励约束机制，将评价结果与被评价者的切身利益联系起来，克服以往在教学管理、收入分配、职称评定、科研教学等方面奖惩不当的情况，有效调动教师和管理者参与教学的积极性，从而促进教学质量的全面提高。

五、主要特征

现代高等教育倡导坚持多元参与的理念，课程教学内容和方法更加强调多元性、实践性和开放性。所以，课程教学质量监控评价体系也应体现出多元化、开放性的特征。

（一）主体多元化

课程教学质量的高低，有赖于学校内外各方的共同建设与管理。在教学质量监控评价过程中，各组织、职能部门和全体教师、学生都参与课程建设、课程实施、课程管理与课程学习，充分发挥各方面的作用，是实现有效教学质量保证的基础工作。

为确保监控评价的客观性、规范性、公正性和科学性，高校课程教学质量的监控评价主体主要涉及三个层面，即课程教学实施主体——教师作为"第一方"；课程教学管理主体——校内的教学管理人员、教学督导人员和同行教师等作为"第二方"；课程教学实施对象——学生作为"第三方"。在实施评价时，各评价主体都无法看到其他任何一方的评价内容。任何一方的评价结果都会直接影响评价的结果，但任何一方都无法单方面决定评价的结果，即实现"三方"独立监控评价。

（二）指标多元化

在高等教育大众化的背景下，高等教育的定位、层次和特点呈现出多样化的特点，教学质量评价也应采用多样化、差异化的指标体系。

从整个课程教学过程来看，课程基本条件建设是基础，教学过程是关键，教学效果是目标，因此课程教学质量评价指标体系可以从三个方面构建：课程基本建设质量、课程教学过程质量和课程教学效果质量。其中，课程基本建设的质量指标是评价课程体系建设、课程设置和课程资源建设。课程教学过程质量指标主要评价课程教学的实施过程；课程教学效果质量指标主要评价课程教学目标的实现程度和教学效果。依据这三个方面的内容，高校根据其内在联系和不同课程类型的特点，设计评价指标体系和各指标的权重。如图6-2所示。

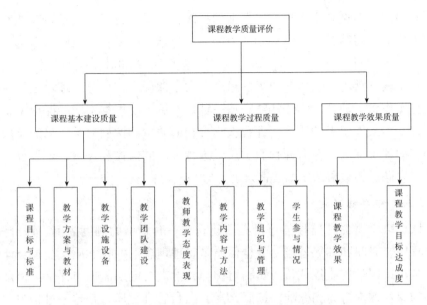

图6-2 课程教学质量评价指标体系示意图

除上述三个方面外，在制定课程教学质量监控评价指标时，还应考虑以下问题：第一，评价指标应具有多样性和可变性，不同类型的课程应设置不同的指标；第二，评价指标不仅要便于操作，而且要注意指标的指导作用；第三，要注意定性与定量的结合，保证教学质量的真实反映。

（三）方式多元化

高等学校的专业种类繁多，这就决定了所开设的课程在理论和实践上都是多种多样的。因此，在对课程教学质量进行监控和评价的过程中，也应采取多种评价方法、方法和手段。科学合理地选择评价方法，可以保证评价监督的可行性、有效性、客观性和真实性，避免评价结果的片面性，所以应根据不同的评价主体和不同的课程类型，采取不同的评价方法。在监督评价过程中，主要的评价方法有随机听评、教学观察、教学检查、问卷调查、座谈会、专题评价等。根据实际情况，评价主体可以选择一种或多种更有效的方法进行监督评价活动，以确保评价结果真实、客观，达到保证教学质量的目的。

（四）标准多元化

大学课程的多样性和教师的个体特征决定了不能简单地用"一刀切"的标准来评价课程教学质量。要根据不同的课程类型和不同的课程组织形式，充分

尊重教师的个性化教学风格，以保证课程教学质量为目标，制定不同类型课程的评价标准。高等教育教学活动的组织主要包括八个要素：教师、学生、教学环境、教学目标、教学内容、教学过程、教学方法和教学信息反馈。一般来说，根据教学活动组织中各要素的组合，大学课程类型可分为理论教学型、纯实践型操作型、理论与实践相结合型三种。然后，要根据不同的课程类型，根据课程基本条件建设的质量、课程教学过程的质量和课程教学效果的质量，制定相应的评价标准，并对课程教学质量进行具体的监控和评价，全方位、多样化地促进课程教学质量不断提高。

（五）程序标准化

课程教学质量的监控与评价必须建立在一套严格的制度规范、评价标准、操作程序、时间和结果基础上。全面质量管理理念下的教学质量监控与评价活动，是指按照学校监控评价方案，对课程教学进行定期监控与评价。根据不同类型的课程评价指标和标准，按照 PDCA 质量管理程序，在这一过程中无论评价主体的选择、评价实施、评价结果的处理等环节，还是评价方案的制定、准备、实施、总结、整改等阶段，都必须严格遵循评价程序，以保证教学质量监督评价工作的权威性、公正性和严肃性。

第二节　课程教学质量监控评价的组织与实施

产出导向的高校教学质量保障体系坚持"学生中心、产出导向、持续改进"的理念。高校课程教学质量监控评价体系的组织与实施也需要贯彻这一理念，校内各监控评价主体，依据既定的评价指标、标准和程序对课程教学全过程实施监控和成效评价。

一、实施原则

课程教学质量监控评价主体主要包括教学督导、教学管理人员、教师同行、教师本人和学生。课程教学质量的监控评价对象为在学校上课的所有教学人员，含在编、聘用、代课的各类教学人员及行政兼课人员。监控评价范围为专业人才培养方案中开设的校内外各类课程。实施课程教学质量监控与评价的基本原则有以下几个方面。

（一）坚持全面性与特殊性相结合的原则

立足现代全面质量管理理念，切实发挥学校、学院、专业、教师、学生等不同层面的主体责任；遵循质量管理 PDCA 闭环规律，构建完善质量运行机制，体现教学质量管理的全面性、全过程性和全员参与性。遵循高等教育多样性特征，立足学校自身特色和发展实际，兼顾学校教育资源的使用效率和社会效益，实施符合实际的质量监控评价体系。

（二）坚持科学性和客观性相结合的原则

遵循教育教学和学生发展内在规律，坚持"学生中心、产出导向、持续改进"的先进理念，将信息化手段与实时质量监控评价工作结合起来，确保教学质量保障各项工作的规范性和科学性。同时，根据 SMART 原则（准确、可测、可达、相关、时限），立足学校自身特色和实际，制定可操作、可控制、可分解的目标、标准、方案、措施和周期，把质量管理工作落在实处。

（三）坚持重点突破和持续推进相结合的原则

人才培养需经历连续性长期过程，同时要针对课程教学核心环节，查找存在的主要短板与不足，分阶段、有重点地加以完善改进。坚持持续改进理念，在完善质量管理制度和运行机制基础上，久久为功、逐步推进，致力于从规范管理走向持续改进。

（四）坚持定性与定量相结合的原则

在评价过程中，要坚持客观定量评价与主观定性评价有机结合，提高评价的有效性和可靠性。定量评价是指对高等教育教师的教学状况、教育过程和教学效果进行分析和评价，且这种分析侧重于定量方面。质性评价是指运用经验对高校教师的教学状况、教育过程和课程成果的性质进行分析和判断。

（五）坚持独立性与综合性相结合的原则

学校内部课程教学质量监控与评价可以分成"三个层次部分"的主体评价，其中，教师本人是评价主体的第一部分，教师同行、教学督导和教学管理人员是评价主体的第二部分，学生是评价主体的第三部分。他们之间进行独立评价，避免相互影响，以保证评价结果的客观性、公正性。同时，通过对不同层次、不同角度、不同方面的评价数据进行综合评价，确保评价结果科学、全面、真实，实现"点、线、面"多方独立评价目标。评价结果是多元主体的综合反映，避免了片面评价的局限性。

二、实施举措

（一）建立校内"五级"监控评价队伍

学校成立"教学督导室"，作为课程教学质量评价工作的常设机构，负责教师课程教学质量评价的组织实施、材料审核和日常工作。要加强质量监控组织队伍建设，组建"教学督导人员—教学管理人员—教师同行—教师—学生"校内"五级"教学质量监控评价队伍。要持续做好校级督导工作，充实优化校级督导专家队伍的数量与结构。强化校内二级督导工作，同时二级学院全面组建教学督导队伍，并依据相关规定制定本级教学督导工作实施方案，形成校院两级教学督导工作合力机制。制定完善教学管理人员听巡课实施方案，定期开展教学检查工作。制定完善校内教师同行听评课、教师评学实施办法，常态化开展评教评学活动；组建学生教学质量信息员队伍，制定完善学生评教工作实施办法，强化学生课堂学习成效反馈，开展基于学生学习体验与满意度的课堂教学，落实学生中心地位。

（二）明确"学校—学院—课程"三个层面质量监控评价重点

在学校层面，强化质量标准意识，基于学校人才培养总体目标，制（修）定人才培养方案及其实施指导意见，健全课程教学核心环节质量建设的通用标准，明确质量控制重点。在学院层面，依据学校的通用标准，立足自身所属专业特色，基于专业人才培养目标，制定符合自身实际的各专业人才培养方案，并加强课程教研室建设，明确各主要教学环节的具体质量要求。在课程层面，加强课程教研室自身团队建设，强化课程集备研讨；依据专业培养目标和毕业要求，完善课程标准，开展课程教学活动，优化课程考核评价。

（三）完善课程教学质量监控评价运行机制

（1）完善校内教学质量监控机制。坚持把立德树人成效当作根本标准，总结凝练教学督导工作经验，深化校院两级教学督导工作内涵，进一步推进校院两级教学督导工作机制、周期性教学检查工作机制、学生信息员反馈机制、毕业生跟踪调查等监控机制落实，形成多员参与、覆盖全程的质量监控评价体系。

（2）完善课堂教学质量监控闭环。着力提升教学督导发现问题并反馈给教学管理部门、二级学院和教师的时效性，探索建立基于信息化的质量信息反馈机制。强化教学督导问题，落实整改情况督查机制，打通教学督导工作"最后一公里"，形成"督导听课评课—信息反馈—整改落实—改进提升—评价成效分析"的课堂教学质量监控工作闭环。

（3）推进课程目标达成度评价工作。按照"核心课程—专业基础课程—公共基础课—选修课"的逻辑顺序，稳步推进校内各专业开展课程目标达成度评价工作。

（4）完善数据信息反馈预警机制。加强对校内外评价结果的综合分析，开展数据追溯比较和横向对比研究，定期撰写学校发展潜力分析报告，做好趋势预测与质量预警，为学校改革发展、专业建设与教育教学管理提供数据支持与服务。

（四）完善"点、线、面"结合的立体监控评价方法

采用"点、线、面"三维角度对课程教学质量进行监控评价。"点、线、面"立体监控评价方法如下。

"点"是指教学督导专家和教师的同行评议，通过专家评议、课堂同行评议等形式随机获取教师的教学信息，分析课堂教学质量的评价结果。

"线"是指学生和教师的自我评价，学生通过学习教师讲授的课程，从课程教学评价的目标出发，全面系统地体验和感受教师的教学能力、教学态度和教学效果。教师作为教学活动的实施者，对学生进行调查，直接反映一节课或一门课程教学目标的实现情况。

"面"是指教学管理人员及社会行业企业专家的评价，校院领导、教学管理人员通过听课、教学检查等形式，对教师参加教学改革、技能训练等情况进行评价；社会行业企业专家在校企合作、学生上岗实习等教学工作的基础上，通过定量评价和定性评价，对课程教学进行全面、全方位的评价。

（五）打造课程教学质量综合评价系统

课程教学质量监控与评价主体包括学生、教师、教学督导、教学管理人员等，但如果评价仅仅取决于大量的手工劳动，不仅缺乏及时性，还难以保证数据的真实性和准确性。可以说，没有先进的信息技术的帮助，先进的评价指标体系和评价方法只是理论研究的成果，无法付诸实践。

要实现教师课程教学质量在线评价，必须利用计算机技术和网络信息技术，开发基于 Internet 的课程教学质量综合评价系统，实现大规模的评价数据采集与分析，促进信息处理能力数据挖掘和多维动态报表的生成，突出趋势预测的个性化和准确性，提高参与式评价的效率。

三、结果处理

（一）评价结果的处理

评价结果的处理是评价活动的最后一个阶段，其质量关系到评价的作用，结果处理阶段需要完成以下四项任务。

（1）形成总体评价结果。根据教师、学生、教学督导、教学管理者和教师自身的自我评价结果，根据教学质量评价中常用的数学建模方法，对数据进行总结，确定教师课堂教学质量评价的总体结果。在对评价结果进行分析的基础上，有必要针对评价对象的量化和工作质量提出一个全面的看法。

（2）进行分析和诊断。为了更好地帮助被评价者改进工作，要在形成综合判断的基础上，对评价过程中获得的信息进行仔细分析，对被评价者的工作进行系统的回顾，帮助被评价者认识问题，有针对性地改进工作。

（3）对评价活动本身的反思。在对评价对象进行了全面的评价工作之后，有必要对整个评价过程进行深刻的反思，包括评价目标、评价指标的内容、评价方法、评价实施的全过程和评价结果的有效性，同时要及时发现问题，为修改评价方案提供科学依据。

（4）向利益相关者提供评价信息。在反馈对象方面，主要包括上级及相关部门的反馈、被评价对象的反馈以及一定范围内的结果发布。一方面为上级决策提供可靠的依据，另一方面也为改进教学、实现教学目标提供依据。

（二）评价结果的使用

（1）教学督导办公室将评价结果反馈给学校领导、管理部门、有关教学单位和个别教师，并在网上公布教学评价优秀教师名单。

（2）教学质量评价结果是每学年教师个人评价的重要组成部分。对于各级教学质量评价中成绩较差的教师，相应的主管单位应帮助教师分析存在的问题，研究改进措施，制订改进计划。如果连续两年的评价结果没有明显改善，则视具体情况暂停其授课工作、组织其进修，甚至将其调离教师岗位。

（3）教学质量评价结果是聘任教师专业技术职务的重要依据，也是学校优秀教学质量奖、教学名师等各类教学评优的必要条件。

（三）评价结果的申诉

教师个人如对综合评价有不同意见，可向做出评价的单位（学校或者学院）提出书面申诉，学校（学院）教学质量保障工作委员会将视情况组织有关专家进行复查处理。

四、保障措施

（一）强化激励机制

进一步完善质量建设激励机制，健全精神激励、物质激励、发展激励、目标激励等多种激励方式，设置教学成果奖、教学荣誉奖、教学技能竞赛奖等奖项，充分调动和激发教职员工投身教学、潜心育人的积极性、主动性和创造性，为内部质量保障稳定运行提供有力的动力机制。

（二）完善文化机制

深入推进全员质量文化培育，整合线上线下资源，加大质量管理理念培训力度，制订培训学习计划，组织开展质量建设研讨交流会，开展专题研究，全面提升教职员工的教育教学理念和质量意识，营造"质量至上"的校园文化。

（三）健全保障机制

师资队伍、实训基地、信息化、教学条件等各类教学资源建设和绩效考核等制度保障是质量保障体系有效运行的基本支持。学校按照事业发展规划及相应专项规划，提供必要的人、财、物支持，依据经费预算和审计制度，保证经费合理投入和使用，为目标任务完成提供资源保障。

第三节　课程教学督导工作机制建设

高校的教学督导工作是按照全面质量管理的原则，对学校课程教学的全过程和各个环节进行即时监督和评价，了解教学工作的实际情况和质量数据信息，旨在提高高校的办学水平、教学质量和管理效率，促进教学目标和人才培养目标的实现。因此，要完善学校教学质量保障体系，有效发挥教学督导在规范教学活动、稳定教学秩序、提高教学质量等方面的重要作用，学校需进一步加强教学督导工作。

一、完善教学督导工作的制度体系

科学规范的教学督导制度，有助于教学督导、教学管理与教学改革的有机结合，有助于教学督导与教学日常管理的良性互动，最终不断提高教学质量和人才培养水平。

因此，高校应在深入调研的基础上，科学设计一套适合高校实际运行的督导工作制度体系，明确督导工作的基本原则、指导思想、基本政策、基本职责、基本任务、基本工作模式、奖惩机制等，并根据社会进步和学校发展适时调整制度。教学督导的主要形式之一是课堂随机听课，教学督导往往要深入教学一线，即从课堂、实验室、实训室到实训基地。因此，有必要明确教学督导的听课时间、方法和评价标准，并从理论和实践两个方面审视教学督导人员听课的实际情况。在听课方式上，可以采用选择性听课、主题听课、对比性听课等。另外，还要建立评议制度、检查制度、调研制度、反馈制度等。

二、建立校院两级教学督导工作队伍

为全面了解教学过程运行情况，及时掌握教学信息，加强教学质量监控，保证教学活动按计划有序地运行，并充分发挥资深教师"传、帮、带"作用，促进青年教师教学水平的提高，培养良好的教风，学校应建立完善教学督导工作组织机构和人员队伍，明晰职责，充分发挥作用。

学校教学督导管理机构是负责对全校教学各环节的教学管理、教学实施和教学服务等工作进行监督、检查、指导、评价、咨询的专门机构。根据学校教学质量保障体系建设与运行的实际需要，应至少成立学校和学院两级教学督导工作机构。

（一）学校教学督导管理机构

此机构对分管教学的学校领导负责，独立负责日常管理工作。具体职能包括：根据学校工作要求，研究制定学校督导工作制度文件；协助分管领导和教学管理部门对学校的各类教学工作进行监督、检查、调研与指导；制订教学督导工作计划，并负责组织实施。每学期召开 1～2 次教学督导工作会议，提交督导工作总结；根据督导人员所反馈课堂教学、教学环境（条件）和教学秩序等方面的情况，以书面形式向学校和相关部门提出意见和建议；加强对督导人员所反馈问题的跟踪与监督，并对相关主体的整改结果进行评价。

（二）教学督导工作人员的素质要求

学校督导专家团队一般由校内离退休老教师或者是外聘资深教授组成。基本要求有：具有正确的政治方向，品德高尚，了解国家有关高等教育的方针、政策、法规，具有较高的政策水平和理论素养，熟悉教育教学改革发展动态；关心学校发展，认真履行督导职责，作风严谨，实事求是，工作认真负责，在教师中有一定的威望，积极主动参加各项工作；身体健康，从事高等教育或相关行业工作 10 年（含）以上，学术造诣较为深厚，原则上年龄不超过 70 周岁。实行聘任制，原则上每届任期两年，可以续聘。

（三）二级学院成立教学督导组

各二级学院成立教学督导组，按专任教师总数的 10% 设置兼职督导员，不少于两人。二级学院督导组在业务上接受校级教学督导室的指导。各学院在学院院长领导下开展工作。二级兼职教学督导员由各学院根据学科专业分布情况，由各学院主任组织遴选聘任，原则上要求其应具有副高专业技术职称。各学院确定兼职督导人选后报校督导室审核备案。实行聘任制，每届任期两年，可以续聘。

三、构建全面的督导工作内容体系

高校教学督导工作应以实现人才培养目标和保证教学质量为中心。整个教学过程是一个涉及教学管理者、教师和学生的多维活动过程，受教学手段、设施、设备等综合因素的影响。在这个过程中，课堂教学是核心环节，教师教学和学生学习是关键因素，教学管理是催化剂。

因此，现代教学督导理念逐渐将督导教师教学、督导学生学习和督导教学管理全纳入教学督导工作的范畴，确立了"督教、督学和督管"三者并重的理念，在全面收集信息的基础上进行教学督导。通过综合分析学校教学状况、学习状况和教学管理状况的质量现状，总结教学质量评价的综合结论，从而提出改进教学工作的完整性建议，并向学校领导和有关方面给予反馈。同时，要逐步建立完善对教师的"督教"、对学生的"督学"和对教学管理的"督管"等监督评价指标体系和评价程序。评价指标体系要覆盖课程教学中的课程建设、教学计划、课堂教学、课程考核评价、实践教学和毕业设计（论文）等环节，并根据学校教学改革的实际情况和师生的反馈意见，不断探讨和改进其科学性和系统性。

（一）"督教"内容

"督教"是指对学校教学工作情况进行监督、评价和指导，包括两个方面。一是对学校的办学定位、教学思想和专业人才培养方案进行评价，并对其科学性和合理性进行检验和论证。二是对教师的整个教学过程进行监督和指导。通过对教学内容、教学态度、教学方法、教学能力、教学理念和教学效果的评价和引导，对教与学的沟通、课堂教学的规范化、教学实践和教学行为质量的拓展进行监督了解，并为学校领导和教学运行部门提供反馈、建议。教学督导要能监督和指导整个教学过程，包括备课、课堂教学、实践教学、毕业设计（论文）、作业和考试等环节，以提高教师的教学水平，并监督教学管理的服务与支持情况，确保所有教学制度的实施。三是对学校落实教育方针的情况进行监督与指导。教学督导要明确立德树人的根本任务，将课程思政的相关要求纳入课堂听课评价指标，考察教师在课堂教学中的教书育人和价值引领实践，全面推进所有学科课程思政建设，实现"三全育人"。对于深度挖掘专业课程蕴含的思政教育资源，将社会主义核心价值观的培育和践行贯穿课堂，言传身教，"润物细无声"地实现立德树人的课程思政先进典型，教学督导应大力宣传推广，同时积极推进学校"课程思政"教学创新。教学督导要将师德师风的督查当作一项重要内容。发挥教学督导工作职能，督促教师加强自身师德修养，促进学校师德师风建设。

（二）"督学"内容

教学督导的"督学"是指对学生入学、学习（包括预习、听课、复习、作业、考试、自学等）、校内实训、校外见实习、学生评教、课外活动等全过程的检查、监督、评价和指导。学风不良是一个比较普遍的现象，很多大学生会迟到、习惯逃学、在课堂上玩手机等，同时他们还会自学无目的、抄袭作业、考试作弊等。教学督导的任务是加强与学生的沟通，向教学管理部门和学生管理部门反馈，提出改进意见和建议，监督和引导学生学习，以达到引导学生树立良好的学习习惯、学习态度和学习方式的目的，帮助学生提升思想行为修养、专业知识与技能等方面的综合素质。

（三）"督管"内容

教学督导的"督管"是对学校教学管理工作的监督、评价和指导，包括教学管理队伍建设、教学管理标准、教学工作管理制度规范、教学质量管理标准、学籍管理、成绩管理、学生管理、课程管理以及教学信息管理等。"督管"的目的主要在于：第一，加强对教学管理活动的监督、检查和指导；第二，督促完善教学管理机构和人员队伍，提高教学管理水平和服务能力；第三，督促学校完善教学管理、学籍管理、成绩管理、课程管理等方面的制度，并监督其运行实施情况；第四，助力完善学校教学质量监控评价体系，提升教学质量信息管理水平，加强信息反馈和质量改进；第五，通过对各课程教研室教学管理过程的监督，督查教研室教学活动计划、教学内容、教学研究活动的有效性，并提出改进建议，以促进学校整体课程教学过程的科学化、规范化。

四、建立教学督导工作的运行流程

高校教学督导的运行机制以质量信息的收集、分析、处理和反馈为基础。高校在教学督导过程中，应运用全面质量管理原则，结合高校教学督导的实践，在整个督导过程中运用 PDCA 循环，指导质量目标的制定、体系的建立与运行、反馈与改进。建立过程管理运行机制，以达到持续改进工作的目的。PDCA 循环实际上是有效执行任何工作的逻辑工作过程，是质量管理的基本方法。PDCA 循环的四个过程并不是在一次执行中结束的，而是一次又一次地继续下去。在一个周期之后，一部分问题得到解决，也许其他问题得不到解决，或者出现了一个新问题，下一个周期就开始了，而具体通过教学督导的 PDCA 循环工作过程进行，以达到持续改进的目的，进一步提高质量管理的科学性和有效性。教学督导 PDCA 循环如图 6-3 所示。

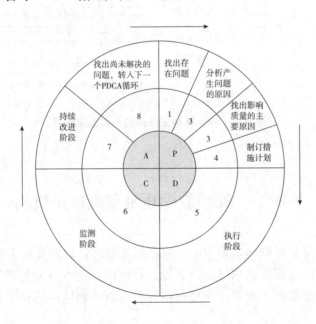

图 6-3 教学督导 PDCA 循环运行图

教学督导的运行可分为四个阶段：一是准备阶段，包括督导制度的确定、督导队伍的结构和督导管理文件的制定；二是执行阶段，包括考察教学、指导教学和督导专项工作；三是检查阶段，包括对教学督导工作和教学督导工作执行情况的检查；四是改进阶段，包括对教学和督导工作的总结以及对教学督导信息的反馈。通过信息反馈，可以帮助教师了解自己教学的情况，改进教学工作；帮助学生了解自己的学习情况，改进学习方法；帮助教学管理人员了解教学管理中的问题，改进教学管理工作（图6-4）。

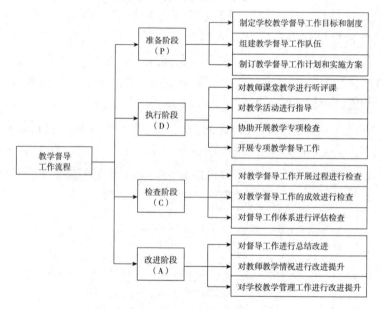

图6-4　教学督导工作的运行实施流程图

第四节　课程教学质量重点评价机制

课程评价要坚持以学生为中心，以产出为导向，以专业标准和课程标准为依据，根据学校制定的系列指导性文件，建立以专业负责人为评价责任人，多元主体参与的课程评价机制，主要包括课程体系合理性评价和课程教学目标达成度评价两个方面。

一、课程体系合理性评价

为进一步优化、完善专业课程体系，不断提升人才培养质量，学校应该定期开展课程体系合理性评价工作。课程体系合理性评价主要通过内部自评与研讨和外部调研与意见征询的方式进行。

内部评价主要由专业负责人牵头，任课教师参与，同时根据学校颁布的《课程体系合理性评价实施办法》，其每年召开教师研讨会，由教学管理者、专业教师广泛参与，针对课程设置是否符合职业标准、专业标准和课程标准的相关规定，课程体系是否覆盖毕业要求及其指标点，课程教学内容是否适应职业岗位能力要求，课程安排逻辑关系是否合理以及实践环节设置比例是否恰当等内容进行评价。此外，每年召开与在校生的面对面座谈会，了解学生对课程设置及课程主要内容的意见。

外部评价主要广泛邀请利益方（如企业管理者、实习单位管理人员、往届毕业生等）参与课程评价，并采用座谈会、走访、问卷调查等形式进行。每年召开实习基地座谈会，调研实习基地对课程设置的意见与建议，同时还通过走访、问卷调查了解往届毕业生、用人单位等对课程设置的满意度。专业负责人根据内外评价结果，组织专业教师进行讨论，进一步完善课程体系。

（一）评价原则

课程体系是直接影响专业毕业要求达成和学生学习成效的基本要素。课程体系设置应能有效支撑专业毕业要求的达成，符合学校相关要求，并充分体现专业特色。

（二）评价对象

全校各专业的课程体系。

（三）评价依据

课程体系合理性评价以党的教育方针、国家教育政策和社会行业企业相关标准为根本依据，以毕业要求为内部依据，以行业人才需求为外部依据。

（四）评价主体和评价责任人

专业课程体系合理性评价主体涵盖本专业在校学生、毕业生、教师、相关教学管理人员、用人单位、教育行政部门管理人员等利益相关方和校外专家。二级学院院长为专业课程体系合理性评价责任人，专业负责人组织专业课程体系合理性评价的具体实施。

（五）评价方法与内容

具体评价主要采用调查问卷、座谈会和走访面谈等方法。

评价内容重点为课程体系设置能否有效支撑专业培养目标和毕业要求达成，是否符合学校办学定位、专业标准，是否体现专业特色等。主要从单个指标点、单门课程以及整个专业课程体系对毕业要求指标点的支撑度三个方面进行评价。主要评价的内容如下。

（1）各门课程对毕业要求的支撑强度设计（权重）是否合理。

（2）课程设置的各个目标与指标点的对应是否合理。

（3）课程主要内容设置是否形成了对指标点的有效支撑。

（4）课程体系是否能够全面支撑毕业要求的指标内容。

（5）课程体系中课程目标和毕业要求的观测点是否能够对应并可落实。

（6）课程设置的先后顺序方面，先修课程与后修课程关系是否明确，衔接是否合理。

（7）各门课程的学分、学时、开设学期设置是否合理。

（六）评价依据

课程体系合理性评价的主要佐证依据材料如下。

（1）毕业要求达成度评价报告（年度报告）。

（2）课程教学大纲及课程目标达成度报告（年度报告）。

（3）行业企业专家评审意见。

（4）毕业生跟踪调查报告（包括第三方评价报告）。

（七）评价周期

专业课程体系合理性评价每三到四年（一届毕业生）进行一次，可与专业人才培养方案修订同时开展。形成"课程体系合理性评价报告"，报告的主要内容包括评价内容、评价依据、评价主体、评价方式、评价工具、评价结果等。

（八）评价结果及运用

各专业对评价结果进行综合分析，形成改进方案。学院院长审核完成课程体系评价改进意见报告后，评价报告和评价改进方案由各学院存档，报学校教务处备案。评价结果为专业人才培养方案制定（修订）的重要依据。

二、课程教学目标达成度评价

学校要建立健全课程教学目标达成度评价机制，而各专业应定期开展课程教学目标达成度评价工作，以证明毕业要求的达成度。

（一）课程教学目标达成度的内涵

（1）课程教学目标。教学质量目标是根据教育教学的客观规律和学生健康发展的逻辑，为满足社会现实和长远需要、促进学生个性发展，针对学校教育教学活动所制定的规范标准。课程是实施教育的手段和方式，课程教学是大学教育教学活动中最基本、最核心的环节，课程教学目标是教学活动的出发点和归宿。每一节课课堂教学目标的实现助力一门课程目标的实现，每一门课程目标的实现助力专业人才培养目标的最终实现。因此，课堂教学活动的深度和广度对提高教学效率、确保课程教学目标的实现有着明确的指导作用。课程教学质量反映了一个专业人才培养的质量，影响着一所学校的教育质量。

（2）课程教学目标达成度。课程教学目标达成度是指教师在实施教学过程中根据教学大纲、课程标准和教学内容所设计的教学目标的实现程度。高校教学目标的达成度是通过每一门课程教学目标的实现程度来评价的，是课程教学质量的关键。课程教学目标的实现证明了教学活动的有效性。否则，即使再"热闹"的教学活动充其量是"有活力的"，也只能被视为"教学活动"，而不是有效或高效率的教学。课程目标的实现程度是衡量课堂教学效果的核心内容。课程教学目标达成度评价在评价教学效果、调整教学过程、指导教学改革等方面起着重要作用。

（3）课程教学目标达成度评价。课程教学目标达成度评价是教学质量评价的重要组成部分。从管理的角度来看，教学过程是一个动态的过程，只有根据设定的教学目标不断调整教学过程，才能达到优化教学效果的目的。评价课程目标的实现程度，可以为评价教学过程和教学效果提供科学依据。对于教师来说，这是教学行为效率的基本反馈，课程教学评价与良好的教学实践相结合，可以在提升教学中发挥重要作用，教师可以根据评价目标的实现程度和评价结果来了解教学实践的进展情况，确定课程教学中需要改进的地方。

（二）课程教学目标达成度的评价指标要求

在课程教学过程中，专业人才培养方案是衡量课程教学目标实现程度的一般标准。因此，在衡量教学目标的实现程度时，主要考虑以下要求。

（1）实现教学目标。每一位教师都希望成功地实现预定的课堂教学目标，且相应结果已成为衡量课程成功与否的标准。

（2）坚持以学生为中心。教学目标是在课程教学过程中实现的，应引起课堂教学的重视，且其需在教学中贯彻学生的主体地位。在实践中，如果学生在课堂上需要解决的问题得不到解决，即使教学计划得到了正确的执行，教学目标的实现也只能是空谈，所以不能局限于教学计划，忽视学生；如果作业中有学生或者有相当数量的学生出现错误，且教师未能及时在教学过程中通过现场指导，则会影响教学目标的实现，也说明了教学效果不佳。要开展学习活动，使学生体验到知识生成的整个过程。

（3）满足社会发展需要。高校的根本任务是培养适应经济社会发展的高素质人才。评价最终是为了达到教学目的，使学生具备各种能力，达到社会满意的程度。

（三）课程教学目标达成度评价的分类

课程教学目标达成度评价包括直接评价和间接评价。

（1）直接评价。其是指根据学校颁布的相关规定，由任课教师在课程结束后一个月内，对课程目标达成度进行量化计算与质性分析。量化计算主要是任课教师根据平时成绩和期末成绩计算出每个课程分目标的达成度，在分目标的基础上得出该课程整体目标的达成度；质性分析是结合系统生成的成绩分析、课程目标达成度评价、学生意见反馈等对本门课程的学习目标达成度进行分析与反思，最终形成相应的分析报告，由二级学院负责监督与检查。对于评价数值小于 0.65 的课程目标，二级学院应会同任课教师全面核对该课程的教学大纲、教案、考核资料以及授课总结等，从教学内容安排、教案设计、授课环节掌控、课堂效果提升以及考核标准等几个环节找出问题并及时改进，进而视改进效果采取相应解决措施。二级学院向教务处提交分析报告和持续改进措施。教务处组织开展达成度评价分析与反馈活动，并将整改意见反馈给各相关二级学院，督促二级学院完善人才培养各项质量保障工作，提高人才培养质量。

（2）间接评价。其主要是通过问卷调查和访谈了解利益相关方，如学生、实习基地、用人单位等对课程目标和毕业要求总达成度的评价。

（四）课程教学目标达成度的评价主体

高校教学评价依据的设计首先应考虑到评价主体和评价对象的实际情况，如教师、学生的心理和接受能力，使广大教师、学生认为评价依据是公正合理的。同时，其也要有一定的前瞻性，体现大学的办学要求和发展方向，必须具有更大的可操作性和方便性。

教学质量评价必须有评价主体，即评价者。从高等教育目标的多样性看，高等教育评价应是内外兼修、开放多元的。根据高等教育教学质量的特点，教学质量评价的主体应多样化，教学目标的实现程度可以从多个方面进行评价。评价主体主要包括学生、教师、行业专家等。

（五）教学目标达成度的评价方式方法

（1）评价方式。评价方式有座谈、研讨、问卷调查、走访以及咨询等。在评价过程中采用多种评价方式，从形式上看，主要以学生评价和教师自我评价为主，辅以教师同行、教学专家及教学主管领导的评价，最后参考企业或行业专家对培养人才的跟踪评价。

（2）评价方法。课程教学目标达成度评价主要采用多元主体参与、定量评价与定性评价相结合的方法。具体可运用的评价方法包括：课程调查问卷、访谈、课程考核成绩分析法等。

第一，各评价主体进行独立评价。为确保评价的客观性、公正性、科学性，学生评价、教师自我评价、同行评价、教学专家评价、教学主管领导评价及企业人员评价相对独立。在评价结果汇总前，各方的评价都不会影响到其他任何一方的评价内容。任何一方的评价结果都会直接影响评价的结果，但任何一方却无法单方面决定评价的结果。

第二，评分的计算方法。不同的评价主体在对教师进行评价时可能会产生评价分值差异。因此为防止这类偏差，应该对不同主体之间的评价结果进行折算，赋予不同的权重，使其具有横向可比性。通常，可以采用标准分的形式，以此来体现评价结果的公平与公正。

第三，评价等级的划分。以多方主体评价等级为基础，按照总量控制的原则，在一个教学单位或教研室范围内，根据一定的比例和条件产生出若干个评价等级，并进行量化打分，以区分其质量差异程度。根据评价等级的不同，可判断课程教学质量的高低，使教师能有的放矢地进行改进。

第四，汇总计算。课程教学目标达成度综合评价应根据多方测评数据自动进行汇总，统计出课堂教学质量在教学目标达成度方面的综合测评结果（评分和评价等级）。评价结果不仅要有分值与等级的体现，而且要有客观的意见与建议，使评价结果能真正服务于课程教学质量的改进与提高。

（六）课程教学目标达成度评价的组织实施

（1）评价主体和评价责任人。课程教学目标达成度评价主体主要包括学生、专任教师、教学督导、教学管理人员等，也可请校外专家参与评价。课程目标达成度评价由学院院长负责组织实施，课程负责人为课程教学目标达成度评价的第一责任人。

评价责任机构为教务处、各学院、学工部与招就办，评价主体有各学院专业建设指导委员会、专业教师、毕业生、用人单位和行业专家等。

（2）组织分工。课程目标达成度评价实行校院两级管理。学校统筹安排全校人才培养质量达成度评价工作，各学院负责对专业人才培养质量进行评价，同时学校定期对各专业评价情况进行检查。各学院依据专业课程标准，制定符合实际的评价实施细则，安排专人负责，开展达成度评价工作。评价结果要及时公示并做好存档，各专业根据评价结果提出改进措施，促进教育教学水平提高。通过人才培养质量达成度评价和人才培养工作的持续改进，引导和推动专业人才培养质量提升。

（3）评价周期。课程教学目标达成度评价由各专业评价小组组织相关教师进行，一般在学期课程结束后进行。评价结果形成记录文档，要求评价记录完整、可追踪。课程教学目标达成度评价周期为每学期一次，课程结束后一个月内完成评价。对反馈问题比较集中的个别专业，可以提前评价与修订。

（4）评价反馈。教务处负责评价工作的统筹与监控，评价结束一个月内，由二级学院向教务处提交分析报告和持续改进措施。教务处联合教学督导部门组织进行达成度评价分析与反馈，并将意见反馈给各学院，督促二级学院完善人才培养各项质量保障工作，提高人才培养质量。学校学术委员会针对各专业整改情况定期开展人才培养质量和课程教学质量评价与考核工作。

（七）课程教学目标达成度评价结果使用

（1）改进教学管理工作。根据评价结果，对各专业实施人才培养方案进行评审，并不断改进教学工作。收集外部专家和利益相关者对本专业课程教学目标设置的意见，通过收集行业专家和学生、研究生、教师、教学管理者、用人单位等的意见，举办多方研讨会和评审会，使课程教学目标更加科学合理。

（2）改进教师课程教学工作。课程教学目标达成度评价有助于教师发现课程教学中存在的不足，找到适当的课程改进途径和改进空间，帮助教师了解课程的特点和水平，了解课程存在的问题并帮助教师改进相应的教学环节，如调整教学内容，改进教学方法，寻找其他方法和途径来实现学生的发展期望，推动课程教学改革，促进教育教学质量不断提高。

（3）改进课程教学目标达成度评价工作。总结评价过程，推进课程教学目标达成度评价的规范化、制度化，积极开展讨论式、问卷式评价。建立专业负责人、教学管理者、教师、企业管理者、毕业生等利益相关者多主体、多维度、多渠道的综合评价体系。加强对课程教学目标达成度评价的信度和效度检验，形成更加严谨、科学的评价标准和评价方法。

第五节　课程教学标准及课程目标达成度评价报告的编制

一、课程教学标准的编制

课程教学标准的制定一般包括两个层次，学校教务处针对全校所有课程制定宏观层面的目标标准体系，包括课程教学标准、通识课程体系教学标准、教学进程表等方面的指导性文件；课程团队（教研室）是课程层面的责任主体，主要依据学校标准要求和专业建设标准（人才培养方案），进行具体课程操作层面的标准制定、课堂教学实施、监控评价与持续改进工作，并依据课程教学目标达成情况以及学生的学习成效，分别向学校、二级学院和专业等主体提出专业人才培养、课程教学资源配置等方面的整改建议。

因此，课程教学标准是教师课堂教学和学生课程学习得以顺利开展的指导性文件。下面，按照产出导向的理念，选取某师范类院校师范类专业一门教育类课程的《教学标准》作为参考样例进行讲述。

（一）课程信息

可以以表格形式，展示课程的基本信息。

（二）课程性质

简要概括课程类型、课程功能两个方面的内容，在撰写时可以参考以下示例。

示例：本课程是××××专业（群）必修（或选修）的一门通识课程（或专业基础课程、专业方向课程、专业拓展课程等），是在学习×××课程、具备了×××能力的基础上，开设的一门理论（或实践、理论实践一体化等）课程，其功能是对接专业人才培养目标，面向×××工作岗位，培养×××能力，为后续的××××课程学习奠定基础。

（三）课程目标

1.课程总目标

依据课程所归属的毕业要求指标点来阐述学生学完本门课程要达到的目标及结果。

2.课程具体目标

具体阐述学生学习本门课程应达到的知识目标、技能目标、素质目标。在进行目标表述时，应使用外显性行为动词，以学生为行为主体来表述，可参考表6-1。

表6-1　课程学习具体目标（示例）

目标分类	具体内容
1 情感态度 目标	课程学习目标1：建构正确的儿童观，认同幼儿教师职业的意义，自觉地运用学前儿童心理发展的相关知识去关注儿童的典型表现和思考学前教育中的实际问题
2 知识目标	课程学习目标2：解释学前儿童在动作、认知、情绪情感、个性和社会性等方面发展的基本规律；辨别感觉与知觉、有意和无意、气质与性格等概念；举例说明学前儿童心理发展规律在教育活动中的应用
3 能力目标	课程学习目标3：能识别案例中幼儿行为所反映的心理现象，运用相应心理现象的特点解读幼儿行为，并分析成因 课程学习目标4：正确评价各种教育方法或策略的合理性和有效性，针对学前儿童的心理发展特点自主制定恰当的教育对策

（四）课程学习目标与毕业要求的矩阵关系

课程目标与毕业要求指标点的对应关系如表6-2所示。

表 6-2　课程目标与毕业要求指标点的对应关系（示例）

毕业要求	指标点	课程目标
2. 教育情怀	2.1 认同学前教育对于幼儿终身发展的奠基意义和独特价值，具有从事学前教育工作的自觉性和事业心，认同幼儿教师职业的意义和专业性，有从教的意愿，有职业理想 2.3 具有正确的教育观、儿童观，富有爱心、耐心、责任心，平等对待每一个幼儿，愿意做幼儿健康成长的启蒙者和引路人	1
3. 保教知识	3.3 掌握幼儿身心发展规律及学习特点，掌握促进幼儿全面发展的教育策略与方法 3.4 掌握相关学科基本知识，掌握幼儿园保育与教育的基本方法，注重各类相关知识的有机联系与整合	2、3
4. 保教能力	4.3 能制定教育活动计划和具体活动方案，并能组织和实施教学活动，运用各种组织形式和适宜的教育方法支持和促进幼儿的学习 4.5 能用观察、谈话、作品分析等方法对幼儿进行观察、分析与评价，能够对幼儿园教育活动的过程与效果进行合理评价	3、4

课程和毕业要求的关联矩阵示例如表 6-3 所示。

表6-3　课程和毕业要求的关联矩阵（示例）

课程名称	毕业要求1 师德规范			毕业要求2 教育情怀				毕业要求3 保教知识				毕业要求4 保教能力					毕业要求5 班级管理			毕业要求6 综合育人			毕业要求7 学会反思			毕业要求8 沟通合作		
	1.1	1.2	1.3	2.1	2.2	2.3	2.4	3.1	3.2	3.3	3.4	4.1	4.2	4.3	4.4	4.5	5.1	5.2	5.3	6.1	6.2	6.3	7.1	7.2	7.3	8.1	8.2	8.3
XXX				M		M			H						H													
										H	H			H	H													

注：H代表教学环节对毕业要求高支撑，M代表教学环节对毕业要求中支撑，L代表教学环节对毕业要求低支撑。

（五）课程内容

（1）课程学习内容大纲如表6-4所示。

表6-4 课程学习内容大纲（示例节选）

序号	对应课程目标	课程模块	教学内容	重难点
1	1、2	第一章概述	1. 人的心理与心理学 2. 学前儿童心理发展的基本理论 3.……	重点：人的心理结构、人的心理实质、关键期、最近发展区、学前儿童心理发展的趋势、影响因素 难点：人的心理实质、各影响因素对学前儿童心理发展的具体作用
2		第二章……	……	……
3		第三章……	……	……

（2）课程学习内容与课程学习目标的关联矩阵如表6-5所示。

表6-5 课程学习内容与课程学习目标的关联矩阵（示例）

章节	课程学习目标1	课程学习目标2	课程学习目标3	课程学习目标4
一	M	M		
二	M	H	M	M
三	M	H	H	H
四	M	H	H	H
五	M	H	H	H
六	M	H	H	H
课程作业	M	H	H	H

注：H代表教学环节对毕业要求高支撑，M代表教学环节对毕业要求中支撑，L代表教学环节对毕业要求低支撑。

（3）课程总学时安排如表6-6所示。

表6-6　课程总体学时安排表（示例节选）

课程模块/教学单元	学时	理论学时	实践学时	备注
第一章　学前心理学概述	4	4	0	
第二章　……	X	X	X	
第三章　……	X	X	X	
第四章　……	X	X	X	
第五章　……	X	X	X	
第六章　……	X	X	X	
合计	X	X	X	

实践教学内容与学时安排如表6-7所示。

表6-7　实践教学内容与学时安排（示例）

序号	内容提纲	学时
1	案例分析与讨论（分析幼儿园典型行为案例，如幼儿记忆、想象、思维、情绪发展特点，气质类型等案例，结合理论知识进行分析）	10
2	情景模拟（让学生模拟幼儿和教师、家长、同伴互动的典型行为情境，培养其实践应用能力）	4
总计		14

（4）重点描述本课程主要使用的教学方法与策略。根据学情分析和教学内容特征，可选择混合式教学法、项目化教学法、翻转课堂教学法、案例教学法、情境教学法、现场教学法、工作过程导向教学法、理实一体化教学法以及探究式、讨论式、参与式等教学法。

课程教学方法与课程教学目标的对应关系如表6-8所示。

表6-8 课程教学方法与课程学习目标的对应关系(示例节选)

课程教学方法	可支撑的课程学习目标
1. 微课教学法 本课程以福建省第二批省级职业教育在线精品开放课程建设为契机,在爱课程平台上建成了《学前心理学》在线开放课程,课程共录制了43个反映课程主要知识点的微课视频,并提供了与这些知识点相配套的课件、电子教材、案例、拓展阅读文献资料与视频等全面、系统的课程资源。通过微课视频等资源,帮助学生形成科学的儿童观,加深对幼儿心理发展的基本规律的认识。以此达成课程学习目标1、2。在各章节的课堂教学前,教师都会指导学生使用自己的账号登录课程平台观看相应的微课视频和配套资源,学生通过观看视频掌握基本的概念和原理,把理解上有困难的知识点记录下来,留待线下课堂学习时重点突破	课程学习目标1:建构正确的儿童观,认同幼儿教师职业的意义,自觉地运用学前儿童心理发展的相关知识去关注儿童的典型表现和思考学前教育中的实际问题 课程学习目标2:解释学前儿童在动作、认知、情绪情感、个性和社会性等方面发展的基本规律;辨别感觉与知觉、有意和无意、气质与性格等概念;举例说明学前儿童心理发展规律在教育活动中的应用
2. 案例讨论法 引导学生运用心理学知识分析幼儿园教育教学中、家庭教育和影视节目中的相关典型案例,提高运用心理学知识解决实际问题的能力。案例分析有多种形式:一是由老师来举例并分析;二是教师提供案例、创设情境,让学生个人或小组借助所学理论来分析讨论案例;三是由学生根据自身的实践经验举例并讨论,以此帮助学生更进一步建构正确的儿童观,认同幼儿教师职业,提高了学生运用心理学知识观察分析解读幼儿行为的能力,以及制定教育策略的能力。以此达成课程学习目标1、2、3、4	课程学习目标1:…… 课程学习目标2:…… 课程学习目标3:能识别案例中幼儿行为所反映的心理现象,运用相应心理现象的特点解读幼儿行为,并分析成因。 课程学习目标4:正确评价各种教育方法或策略的合理性和有效性,针对学前儿童的心理发展特点自主制定恰当的教育对策
3. 情境模拟法 引导学生扮演案例中的角色,模拟幼儿园中或家庭中幼儿与成人互动的情境,让学生体验幼儿的感受,从而更准确地掌握儿童的心理特点和指导方法。学生通过对在模拟情境中自己的心理活动的体验和反思,更能学会与儿童共情,建立正确的儿童观,同时也能更准确、深入地把握幼儿心理发展的基本概念和原理,并提高其运用幼儿心理发展规律进行教育的保教能力,从而达成课程学习目标1、2、3、4。	课程学习目标1:…… 课程学习目标2:…… 课程学习目标3:…… 课程学习目标4:……

续 表

课程教学方法	可支撑的课程学习目标
4. 实践教学法 引导学生利用下园实习的机会，运用心理学知识，与幼儿进行互动和交流，在实践中增强对幼儿教师职业的认同和对幼儿的喜爱，并从中观察、记录、分析和评价幼儿的心理和行为表现以及幼儿园活动组织的适宜性。以此达成课程学习目标 1、2、3、4。在下园前，老师会结合教学进度提出明确的实践调查任务，并下发相应的观察记录表格，学生带着任务与幼儿进行互动，对幼儿的表现进行观察、记录，然后结合所学理论进行相应的分析、总结，完成见习报告，并在课上进行全班交流与讨论，对实践进行进一步的提升、总结	课程学习目标 1：…… 课程学习目标 2：…… 课程学习目标 3：…… 课程学习目标 4：……

（六）课程考核方案

课程考核应采用过程性考核和终结性考核相结合的方式进行。其中，原则上形成性考核占比不低于 50%，形成性考核可包括但不仅限于课堂考勤、课堂表现、课程作业、期中测试等；终结性考核一般指期末的课程考试或考查。

（1）考核内容与课程学习目标的对应关系如表 6-9 所示。

表 6-9　课程考核内容设计（示例）

课程学习目标	考核内容	评价依据
课程学习目标 1：建构正确的儿童观，认同幼儿教师职业的意义，自觉地运用学前儿童心理发展的相关知识去关注儿童的典型表现和思考学前教育中的实际问题。（支撑毕业要求 2）	1. 乐于并认真进行下园实训 2. 能主动结合所学的心理学概述、学前儿童动作、认知、情绪情感、个性以及社会性发展的相关理论去思考相关案例	1. 实践任务完成情况 2. 期末考试

续　表

课程学习目标	考核内容	评价依据
课程学习目标 2：解释学前儿童在动作、认知、情绪情感、个性和社会性等方面发展的基本规律；辨别感觉与知觉、有意和无意、气质与性格等概念；举例说明学前儿童心理发展规律在教育活动中的应用。（支撑毕业要求 3）	1. 动作、认知、情绪情感、个性和社会性等心理现象的基本概念、作用和分类 2. 幼儿在动作、认知、情绪情感、个性和社会性等方面的发展规律 3. 促进幼儿动作、认知、情绪情感、个性和社会性发展的常用教育活动和方法 4. 幼儿的动作、认知、情绪情感、个性和社会性的发展特点对教育活动的设计和组织提出哪些要求	1. 实践任务完成情况 2. 期末考试
课程学习目标 3：能识别案例中幼儿行为所反映的心理现象，运用相应心理现象的特点解读幼儿行为，并分析成因。（支撑毕业要求 3、4）	1. 能运用幼儿在动作、认知、情绪情感、个性和社会性等方面的发展规律和特点分析典型案例中学前儿童的心理和行为	1. 实践任务完成情况 2. 期末考试
课程学习目标 4：正确评价各种教育方法或策略的合理性和有效性，针对学前儿童的心理发展特点自主制定恰当的教育对策。（支撑毕业要求 4）	1. 能运用幼儿在认知、情绪情感、个性和社会性等方面的发展规律和特点，分析典型教育情境中教育方法的合理性和有效性 2. 能运用幼儿在动作、认知、情绪情感、个性和社会性等方面的发展规律和特点，针对典型案例提出较为恰当的指导和教育策略	1. 实践任务完成情况 2. 期末考试

（2）课程考核方式及评分标准如表 6-10 所示。

表 6-10　课程考核方式及评分标准（示例）

考核方法	成绩构成	占总评成绩比例	评分标准
形成性考核	平时成绩 1： 实践作业：观察一个集中教育活动，记录大部分幼儿在活动中的注意持续时间，以及教师组织活动的过程与教学方法。具体分析教师为吸引和保持幼儿注意力采取了哪些措施（可从教学内容、教学方法、语言神态、环境设置、与幼儿的互动等方面分析，还可以包括其他你认为有关的内容，观察、分析越全面越好）；如果存在不利于注意力集中的方面，请提出改进建议	25%	目的：考核学生作业中能否准确运用学前儿童注意力发展和培养的理论进行分析，能否对教师的教育行为进行合理的评价，并提出有效的教育建议 标准：见表 6-11
	平时成绩 2： 实践作业：观察幼儿在与同伴交往中所发生的矛盾冲突事件，记录下某个矛盾冲突事件产生的原因、事件发生时幼儿的行为表现、教师的处理方式，以及你对教师处理方式的评析	25%	目的：考核学生能否运用同伴关系理论来分析幼儿的行为，对幼儿行为进行解读，同时对教师的处理方式进行恰当的评价 标准：见表 6-12
终结性考核	期末考核	50%	试卷题型：选择题、填空题、判断题、简答题、案例分析题
			主要考核学生对课程全部关键知识点的理解和运用水平，计算成绩，再按 50% 计入总成绩
总成绩		100%	平时作业（50%）+ 期末考核（50%）

平时作业考核标准如表 6-11 和表 6-12 所示。

表6-11 平时作业1考核标准

评分标准	优秀	良好	及格	不及格
1. 有目的地收集整理注意力的实践案例，认真完成该任务，有正确的儿童观，能够独立思考（30分）	27～30分：有目的地收集整理注意力的实践案例，态度严谨，能够提出自己的看法，且符合幼儿注意的发展特点。	22～26分：有目的的收集整理注意力的实践案例，能提出自己的看法，且儿童观正确，逻辑清晰	18～21分：记录的内容与幼儿注意相关，书写认真，有条理	18分以下：记录的内容与幼儿的注意无关
2. 能运用注意发展特点来观察评价儿童，记录具有客观性（40分）	34～40分：能运用幼儿有意注意逐渐发展，不同年龄班注意的时间不同，注意品质差异等三个方面的特点来观察分析幼儿的行为，记录时未出现主观词	29～33分：能运用幼儿注意发展的特点（无意注意发展为主，有意注意逐渐发展，不同年龄班注意时间不同，注意品质差异）的某两方面来观察分析幼儿的行为，记录时主观词出现1～2次	24～28分：能运用幼儿注意发展的特点（无意注意发展为主，有意注意逐渐发展，不同年龄班注意时间不同，注意品质差异）的某一方面来观察分析幼儿的行为，记录时主观词出现3～4次	24分以下：未观察分析幼儿行为，记录时主观词出现5次以上
3. 根据吸引幼儿注意的策略来分析评价教师的教学过程，并提出改进建议（30分）	27～30分：对于教师所采用的吸引幼儿的策略，能精准全面地找到4个以上。并针对存在的不足，提出相应的改进建议，且措施符合幼儿注意发展的规律，并在当时的教学情境中具有可操作性，行之有效	22～26分：对于教师所采用的吸引幼儿的策略，能描述出3～4个。能准确找到较为明显的不足，能针对存在的不足，提出相应的改进措施，且措施科学合理，符合幼儿注意发展的规律	18～21分：对于教师所采用的吸引幼儿的策略，能描述出1～2个。能针对存在的部分问题，提出相应的改进措施	18分以下：无法描述教师在教学中采用的吸引幼儿注意的策略，或完全描述错误，无法针对问题分析，提出改进建议

表 6—12 平时作业 2 考核标准

评分标准	优秀	良好	及格	不及格
1. 紧扣任务要求，收集整理关于同伴冲突的实践案例，有正确的儿童端正足够独立思考，态度严谨，能够提出自己的见解（30分）	27～30分：紧密围绕任务要求，严密收集整理关于同伴冲突的实践案例，具有平等对待每一个儿童的理念，态度严谨，能够提出自己的见解	22～26分：紧扣任务要求，收集整理关于同伴冲突的实践案例，具有认真、态度认真，思路清晰	18～21分：记录的内容与幼儿同伴冲突的主题相关、作答认真，逻辑清晰	18分以下：未能依据任务要求进行作答，记录的内容与幼儿同伴冲突的主题无关
2. 能运用同伴关系的理论来观察分析幼儿同伴冲突的表现和原因，记录具有客观性（40分）	34～40分：能准确运用同伴关系的理论细致地观察分析幼儿同伴冲突的表现和原因，记录时未出现主观词	29～33分：能初步运用同伴关系的理论较细致地观察分析幼儿同伴冲突的表现和原因，记录时主观词出现1～2次	24～28分：能初步运用同伴关系的理论粗略地观察分析幼儿同伴冲突的表现和原因，记录时主观词出现3～4次	24分以下：未能运用同伴关系的理论观察幼儿同伴冲突的表现，记录时主观词出现5次以上
3. 能有效评价教师对同伴冲突的处理方式（30分）	27～30分：能从优点和不足两个角度细致、全面、准确地评价教师对同伴冲突的处理方式，能提出5个以上的评价观点	22～26分：围绕优点和不足两个层面准确地评价教师对同伴冲突的处理方式，但还不够全面，能提出3～4个评价观点	18～21分：能对教师对同伴冲突的处理方式进行初步的评价，但还不够全面，只提出优点，或只提出缺点，能提出1～2个评价观点	18分以下：对于教师对同伴冲突的处理方式无法进行评析，或完全评析错误，或未提出有价值的评价观点

（3）课程学习目标的评价标准如表 6-13 所示。

表 6-13　课程学习目标的评价标准（示例）

课程学习目标	评分标准			
	90～100	75～89	60～74	0～59
	优	良	中／及格	不及格
目标 1：建构正确的儿童观，认同幼儿教师职业的意义，自觉地运用学前儿童心理发展的相关知识去关注儿童的典型表现和思考学前教育中的实际问题	建构正确、系统的儿童观，贯彻平等尊重、因材施教的理念。对幼儿教师职业建立深刻的职业情感，能主动深入地运用学前儿童心理发展的相关知识去关注儿童的典型表现和思考学前教育中的实际问题	建构正确的儿童观，坚定地认同幼儿教师职业的价值，能主动运用学前儿童心理发展的相关知识去关注儿童的典型表现和思考学前教育的实际问题	建构正确的儿童观，认同幼儿教师职业的意义，自觉地运用学前儿童心理发展的相关知识去关注儿童的典型表现和思考学前教育中的实际问题	未形成正确的儿童观，无法认同幼儿教师职业的意义，未有从教意愿，经教师提示后仍不能有意识地运用所学的学前儿童心理学理论去分析和思考课堂上或实习过程中遇到的案例
目标 2：解释学前儿童在动作、认知、情绪情感、个性和社会性等方面发展的基本规律；辨别感觉与知觉、有意和无意、气质与性格等概念；举例说明学前儿童心理发展规律在教育活动中的应用	准确、清晰地解释学前儿童在动作、认知、情绪情感、个性和社会性等方面发展的基本规律；有效辨别感觉与知觉、有意和无意、气质与性格等概念；能从不同角度，列举生动典型的实例说明学前儿童心理发展规律在教育活动中的应用	正确地解释学前儿童在动作、认知、情绪情感、个性和社会性等方面发展的基本规律；辨别感觉与知觉、有意和无意、气质与性格等概念；能列举贴切的实例说明学前儿童心理发展规律在教育活动中的应用	解释学前儿童在动作、认知、情绪情感、个性和社会性等方面发展的基本规律；辨别感觉与知觉、有意和无意、气质与性格等概念；举例说明学前儿童心理发展规律在教育活动中的应用	未能描述学前儿童心理发展的基本规律；无法辨别感觉与知觉、有意和无意、气质与性格等概念；难以用实例来说明学前儿童心理发展规律在教育活动中的应用

续 表

课程学习目标	评分标准			
	90～100	75～89	60～74	0～59
	优	良	中／及格	不及格
目标3：能识别案例中幼儿行为所反映的心理现象，灵活运用相应心理现象的特点解读幼儿行为，并分析成因	能正确而快速地识别案例中幼儿行为所反映的心理现象，灵活运用相应心理现象的特点详细解读幼儿行为，并能从不同角度、条理清晰地分析形成的原因	能正确识别案例中幼儿行为所反映的心理现象，运用相应心理现象的特点详细解读幼儿行为，并能分析成因，思路清晰	能识别案例中幼儿行为所反映的心理现象，运用相应心理现象的特点解读幼儿行为，并分析成因	对案例进行分析时所使用的心理学理论基本错误，或者知道幼儿心理发展的规律，但不会结合案例进行基本的分析或分析完全错误
目标4：正确评价各种教育方法或策略的合理性和有效性，针对学前儿童的心理发展特点自主制定恰当的教育对策	能基于幼儿心理发展规律，正确而全面地评价各种教育方法或策略的合理性和有效性，针对学前儿童的心理发展特点自主制定行之有效的教育对策，且有一定的新意	正确而全面地评价各种教育方法或策略的合理性和有效性，针对学前儿童的心理发展特点自主制定合理的教育对策	正确评价各种教育方法或策略的合理性和有效性，针对学前儿童的心理发展特点自主制定恰当的教育对策	不能运用幼儿心理发展规律和特点，对教育情境中教育方法的合理性和有效性进行分析，或者分析完全错误，无法提出有效的教育对策

（七）教学资源条件

1. 授课教师团队

主要对担任本课程教学任务的教师的学历、职称、职业资格水平以及基本素质等提出要求（表6–14）。

表6-14　教师团队情况表

序号	姓名	学历/学位	职称	专/兼职	教学经验	备注
1	×××	硕士研究生	教授	专职	……	……
2	×××	……	……	……	……	……
3	×××	……	……	……	……	……

2. 实践教学条件

主要填写本课程教学需要使用的校内实训、校外实习基地的相关信息。

（1）校内实训室（一个实训室一张表）情况如表6-15所示。

表6-15　×××课程校内实训室情况表

实训室名称		面积要求（㎡）		
序号	核心设备	数量要求		备注
1	……	……		……
2	……	……		……

（2）主要填写本课程教学需使用的校外实习基地。其中，用途指课程见习、生产性实训、毕业实习、定岗实习等；合作深度包括深度合作型、紧密合作型以及一般合作型三个等级，各等级标准参照校外实践教学基地建设标准（表6-16）。

表6-16　XXX课程校外实践基地情况表

序号	校外实习基地名称	合作企业名称	用途	合作深度要求
1	……	……	毕业实习	深度合作型
2	……	……	……	紧密合作型
3	……	……	……	一般合作型

3. 教材、数字化资源选用

教学资源要能充分支撑线上线下混合教学，充分满足学生的学习需求，既考虑基础性，又考虑挑战性、高阶性和拓展性。

（1）选用教材示例如表 6-17 所示。

表 6-17　XXX 课程教材及参考书籍选用表

序号	教材名称	教材类型	出版社	主编	出版日期
1	学前心理学	规划教材	复旦大学出版社	钱峰，汪乃铭	2012 年 7 月
2	……	……	……	……	……
3	……	……	……	……	……

（2）数字化资源选用示例如表 6-18。

表 6-18　XXX 课程数字化资源选用表

序号	数字化资源名称	资源网址
1	《学前心理学》在线课程	http://www.icourse163.org/course/FJYS～1205952802
2	……	……
3	……	……

二、课程教学目标达成度评价报告的编制

质量评价的目的是实现持续改进。定期编制达成度评价报告，通过多渠道收集、汇总多方评价的结果，并以此作为课程建设和课堂教学改进的依据。下面，按照产出导向的理念，选取某师范类院校的师范类专业的一份《课程教学目标达成度评价报告》的部分内容作为参考样例进行讲述。

（一）课程基本信息（要与人才培养方案中的信息一致）

需包含课程名称、课程代码、课程性质、课程总学时等信息。

（二）课程学习目标

在进行目标表述时，应使用外显性行为动词、以学生为行为主体来表述，

可参考表6-19。

表6-19 课程学习具体目标（示例）

素质目标	课程学习目标1：建构正确的……观，认同……的意义，自觉地运用……的相关知识去……，勤于思考……中的问题
认知目标	课程学习目标2：解释……的基本规律；辨别……概念之间的区别；举例说明……在教育活动中的应用
能力目标	课程学习目标3：能识别案例中……，运用……解读……并能分析成因 课程学习目标4：正确评价……的合理性和有效性，针对……制定恰当的教育对策

（三）课程学习目标与毕业要求指标点的矩阵关系

（1）课程学习目标与毕业要求指标点的对应关系如表6-20所示。

表6-20 课程目标与毕业要求指标点的对应关系（示例）

毕业要求	指标点	课程学习目标
2. 教育情怀	2.1…… 2.3……	1
3. 保教知识	3.3…… 3.4……	2、3
4. 保教能力	4.3…… 4.5……	3、4

（2）课程和毕业要求的关联矩阵示例如表6-21所示。

表6-21 课程和毕业要求的关联矩阵（示例）

课程名称	毕业要求1 师德规范			毕业要求2 教育情怀				毕业要求3 保教知识				毕业要求4 保教能力					毕业要求5 班级管理			毕业要求6 综合育人			毕业要求7 学会反思			毕业要求8 沟通合作		
	1.1	1.2	1.3	2.1	2.2	2.3	2.4	3.1	3.2	3.3	3.4	4.1	4.2	4.3	4.4	4.5	5.1	5.2	5.3	6.1	6.2	6.3	7.1	7.2	7.3	8.1	8.2	8.3
×						M			H					H														
×																												
×				M		M				H	H		H			H												

注：H 代表教学环节对毕业要求高支撑，M 代表教学环节对毕业要求中支撑，L 代表教学环节对毕业要求低支撑。

（四）课程学习目标评价依据、评价方法和评分标准

（1）考核内容与课程学习目标的对应关系如表6-22所示。

表6-22　考核内容与课程学习目标的对应关系（示例）

课程学习目标	考核内容	评价依据
课程学习目标1：…… （支撑毕业要求2）	1. 乐于并认真进行下园实训。能主动结合……的相关理论去思考相关案例	1. 实践任务完成情况 2. 期末考试
课程学习目标2：…… （支撑毕业要求3）	1. ……的基本概念、作用和分类 2. ……等方面的发展规律 3. 促进……发展的常用教育活动和方法 4. ……的发展特点对教育活动的设计和组织提出的要求	1. 实践任务完成情况 2. 期末考试
课程学习目标3：…… （支撑毕业要求3、4）	1. 能运用……的发展规律和特点的理论分析……	1. 实践任务完成情况 2. 期末考试
课程学习目标4：…… （支撑毕业要求4）	1. 能运用……分析……的合理性和有效性 2. 能运用……，对典型案例提出较为恰当的指导和教育策略	1. 实践任务完成情况 2. 期末考试

（2）考核方式与评分标准如表6-23所示。

表6-23　课程考核方式及评分标准（示例）

考核方法	成绩构成	占总评成绩比例	评分标准
形成性考核	平时成绩1 实践作业：观察一个……活动，记录……；并提出改进建议	25%	目的：考核学生作业中能否准确运用……理论进行分析，能否对教师的教育行为进行合理的评价，并提出有效的教育建议 标准：……
	平时成绩2 实践作业：观察……事件，记录……对……的评析	25%	目的：考核学生能否运用……对……进行解读，同时对教师的处理方式进行恰当的评价 标准：……

续　表

考核方法	成绩构成	占总评成绩比例	评分标准
终结性考核	期末考核	50%	试卷题型:选择题、填空题、判断题、简答题、案例分析题。
			主要考核学生对课程全部关键知识点的理解和运用水平,计算成绩,再按50%计入总成绩
总成绩		100%	平时作业（50%）+ 期末考核（50%）

（3）课程成绩与课程学习目标的关联矩阵如表6-24所示。

表6-24　课程成绩与课程学习目标的关联矩阵（示例）

评定方法 课程学习目标	平时作业1 25%	平时作业2 25%	期末考试 50%
课程学习目标1		50	10
课程学习目标2	50		45
课程学习目标3		50	30
课程学习目标4	50		15
合计	100%	100%	100%

（五）课程教学目标的评价结果

1.学生平时作业对应的课程目标及得分情况

课程学习目标得分情况（平时成绩）如表6-25所示。

表6-25　课程学习目标得分情况（平时成绩）

课程目标	题项	题项总分	学生得分平均分（得分率）
课程目标1	1.出勤与课堂表现 2.实践作业2：……	25	22.3（89.2%）
课程目标2	实践作业1：……	25	21.9（87.6%）
课程目标3	实践作业2：……	25	22.0（88%）
课程目标4	实践作业1：……	25	20.9（83.6%）

从表 6-25 可看出，课程目标 1 对应的题项的学生得分率最高，为 89.2%；课程目标 2 和 3 的得分率均超过 85%，课程目标 4 对应的题项得分为 83.6%。学生平时作业得分率平均为 87.1%。由此可见，学生在本课程学习中出勤率高，课堂表现较为积极，对待平时作业态度端正，作业完成质量较高，能达到相应的课程目标。

2. 期末考核与课程目标的对应以及学生期末成绩得分情况

课程学习目标得分情况（期末成绩）如表 6-26 所示。

表 6-26 课程学习目标得分情况（期末成绩）

课程目标	题项	题项总分	学生得分平均分（得分率）
课程目标 1	选择题 3,9,11,14,15	10	7.12（71.2%）
课程目标 2	选择题 1,2,4,5,6,8,12,13 填空题 1,2,4,5,6 辨析题 1,2,3,4,5,6,7,8,9,10 简答题 1,2	45	30.94（68.8%）
课程目标 3	案例题 1,2,4	30	20.06（66.9%）
课程目标 4	选择题 7，10 填空题 3 案例题 3	15	13.24（88.3%）

从表 6-26 的数据可知，课程目标 1 对应题项的得分率为 71.2%，表明大部分学生本学期的课程学习基本达到了目标。

课程目标 2 对应题项的得分率为 68.8%，整体偏低，说明本学期该课程学习总体暂未达到目标。进一步分析发现，填空题第 4 题的得分率仅为 58%，辨析题第 1 题、第 5 题、第 8 题和第 10 题的得分率均低于 50%，说明学生对于理论知识的掌握还不够牢固，在概念的辨析上容易产生混淆，这也从侧面反映了教师在课堂组织教学时，对学生易混淆的概念的辨析还不够深入，缺乏对相关概念和知识点的举例说明和对学生复习知识点的督促。除此之外，判断题的答题上也反映了部分学生审题不够细心，读题过快，没有注意到题中的关键词，以及没有主动和本学期所学知识进行联系，因此也说明教师在教学中还应渗透答题技巧。

课程目标 3 所对应题项的得分率为 66.9%，整体较低，说明本学期该课程学习总体暂未达到目标。进一步分析发现，案例分析第1题的得分率为58%，说明学生理论联系实际的意识不足，基础知识的掌握不够扎实，在运用所学知识对实际问题进行分析时的能力还需增强。这也说明教师在课堂上应关注理论传授与实践操作的结合，加强学生综合运用所学知识进行实际案例分析的能力。

课程目标4对应题项的学生得分率为88.3%，说明学生们本学期该课程学习较好地达到了目标。

3.课程目标达成度总体情况

课程学习目标达成度情况如表6-27所示。

表6-27　课程学习目标达成度情况

课程目标	期末考试占分比例50%	平时作业占分比例50%	课程分目标达成度
课程目标1	10	25	50%×(7.12/10)+50%×(22.32/25)=0.80
课程目标2	45	25	50%×(30.94/45)+50%×(21.94/25)=0.78
课程目标3	30	25	50%×(20.06/30)+50%×(22.04/25)=0.78
课程目标4	15	25	50%×(13.24/15)+50%×(20.88/25)=0.86
整体课程目标达成度			（0.80+0.78+0.78+0.86）/4=0.81

从表6-27可看出，本学期该课程整体达成度为0.81，课程教学基本达成了课程目标。其中课程目标1为情感态度目标，达成度为0.80，说明经过本学期的课程学习，学生对专业所要求具备的态度认知已经得到发展；课程目标2和课程目标3的达成度为0.78，说明学生对于理论知识的掌握还不够扎实，相关概念之间还容易混淆，在运用理论知识分析、解读幼儿行为的能力方面还有所欠缺，有待进一步提高；课程目标4的达成度较高，为0.86，说明学生在教育策略方面能基本掌握相关内容。

（六）评价结果分析

1.本学期的课程改进措施的实施情况

在本课程上一轮的教学中，发现学生对于学前儿童发展科学的基础理论知识的学习普遍缺乏热情，学习效果不理想。针对此问题，在本学期的课程教学中，教师采用了以下策略。

（1）本课程除了重视课堂教学，还进一步关注课前引导与课后评价。课前老师布置相关学习任务，学生登录微课网站自主学习相关内容，完成练习，并制作思维导图，构建本节课的先行组织者。老师根据学生完成任务的情况，确定课堂重难点。例如，教师发现学生在学前儿童注意发展的章节，很难体会幼儿注意的状态，因此在课堂上使用情景模拟法，让学生做镜画测验，体验和理解幼儿注意力难以集中的感受。而在课后的评价与反馈环节，课程教学团队完成了学前儿童科学发展的题库建设，利用问卷星实现学生下园报告的小组间互评，促使运用、检验、评价一体化。

（2）充分利用信息化资源，形成线上线下结合的教学模式，使得理论学习更加生动、形象，提升学生的学习兴趣，并促进理论与实践的联结。本课程利用专业教师团队完成的省级精品在线开放课程资源，包括微课视频、配套课件与相关课程资料，可满足不同学习风格学生的需求。实现微课、视频、平台互动等信息化手段多样化，运用0～6岁儿童发展纪录片、《头脑特工队》等电影、《爸爸去哪儿》等真人秀节目和自制动画片使得理论学习形象化。线上线下资源相结合的方式，能够帮助学生更好地达到课程目标1和课程目标4，即激发学生对幼儿和幼教事业的热爱，能利用所学儿童心理发展相关理论知识指导教育实践。这反映在课程目标1（0.80）和课程目标4（0.86）较好的达成度上。这充分说明本学期的课程改进措施是有效的。

2. 课程目标设置情况和课程目标支撑毕业要求的达成情况

从课程目标所覆盖的学生平时作业和期末考试得分情况可知，课程目标1的达成度（0.8）较高，反映出本课程教学支撑了毕业要求2"教育情怀"的达成；课程目标2的达成度为0.78，反映出本课程教学在一定程度上支撑了毕业要求3"保教知识"的达成；课程目标3的达成度为0.78，反映出本课程教学在一定程度上支撑了毕业要求3"保教知识"、毕业要求4"保教能力"的达成；课程目标4的达成度（0.86）较高，反映出本课程教学支撑了毕业要求4"保教能力"的达成。综上所述，本学期该课程目标整体达成度为0.81，基本达成了课程教学目标，说明本课程目标设置较为合理，且能支撑对应毕业要求的达成。

3. 本学期学生在本课程学习过程中存在的问题

基于"学生中心、产出导向、持续改进"的理念，通过对上述课程目标达成情况进行细致的分析，可了解到学生对课程内容的掌握情况和在课程学习过程中存在的问题，同时发现课程目标 2 和课程目标 3 的达成度有待提高，存在的主要问题总结如下。

（1）针对课程学习目标 1，学生自觉运用儿童心理发展的相关知识去关注儿童的表现和思考教育问题的主动性不足。

（2）针对课程学习目标 2，学生对于学前儿童心理发展理论知识中相似的概念易混淆。

（3）针对课程学习目标 3，学生运用儿童心理发展知识对儿童的行为进行分析、解读的能力有待提升。

（4）针对课程学习目标 4，学生运用儿童心理发展的理论知识制定相关教育对策的能力有待提高。

（七）基于评价结果的改进思路

针对学生在课程学习过程中存在的问题，提出以下改进思路，以用于后续课程教学的持续改进，从而为毕业要求指标点的达成起到支撑作用，最终实现本专业人才培养目标。

1. 针对学生自觉运用儿童心理发展相关知识去关注儿童的表现和思考教育问题的主动性不足的问题

（1）在课前和课后的线上教学资源推送中，课前可以给学生推送和本章节内容相关的儿童典型行为相关视频，并通过课前问题引发学生的兴趣，以及对儿童行为的思考。

（2）课后也可以继续将儿童典型行为相关视频推送给学生，并要求学生通过案例分析的方式结合课堂所学理论进行分析。

（3）结合学生的下园实践，鼓励学生拍摄相关的儿童行为视频，并以学习小组的形式结合儿童心理发展理论进行分析和讨论。

以上的这些方式不仅能够提升学生运用儿童心理发展知识去关注儿童行为的主动性，还能提升学生利用理论分析儿童行为和思考教育问题的能力。因此，可以同时支持课程目标 1 和课程目标 3 的达成。

2. 针对学生对于学前儿童心理发展理论知识中相似概念易混淆的问题

（1）在课前，可以鼓励学生对理论知识进行预习，并利用思维导图等工具建立基本知识框架，在课前就提前通过自学的方式发现易混淆的概念。

（2）在课堂上，教师应对重点概念和易混淆概念进行深入讲解和辨析，并注意通过多样化的幼儿实践案例进行呈现和分析，结合案例引导学生辨析"有意想象和无意想象、注意的分散和转移、记忆的再认和再现"等概念。

（3）在课后，让学生组成学习小组，通过互相"出题"的方式，从出题者的角度更深入地辨析易混淆的概念。以上举措可以支持课程目标2的达成。

3. 针对学生运用儿童心理发展知识对儿童的行为进行分析、解读的能力有待提升问题方面

（1）在课堂教学中，多采用典型案例分析的方式，从案例导入课程，由理论深化课程，再由理论支撑案例。用案例引起学生对现实问题的关注，再让学生用理论分析案例，一方面可以帮助学生深化学习内容，提升分析能力，另一方面也可以作为评估学生学习成效的方法。

（2）在下园实践过程中，可以要求学生有意识地收集园内相关案例，在课下以学习小组的方式进行研讨，并将遇到的问题再带入课堂，以此形成学校和幼儿园的联动教学，课上和课下的有机结合。在此过程中，可深化学生主动利用理论分析实践案例的能力，以支持课程目标3的达成。

4. 针对学生运用儿童心理发展理论知识制定相关教育对策的能力有待提高的问题

（1）由实践需求引发理论思考。在学生下园实践过程中，引导学生重点观察幼儿教师的教育行为和幼儿表现之间的关系，并将对幼儿园的观察带入课堂，利用理论知识对教师的相关教育行为进行分析。

（2）课堂中教师也可以采用"案例研讨""角色扮演"等方式，将问题抛给学生，引导学生通过小组合作学习的模式，组内扮演幼儿和老师不同角色，体验不同角色的心理过程，实践相关教育对策，并进行活动研讨。通过观察、分析资深幼儿教师的教育行为，对典型案例进行角色扮演和研讨，学生能够运用儿童心理发展理论知识分析他人和自己的教育对策，并能"演练"自己的教育对策，并在实际扮演中进行分析，从而支持课程目标3和4的达成。

参考文献

[1]　陆根书，贾小娟，李珍艳，牛梦虎，徐菲.改革开放40年来中国本科教学评估的发展历程与基本特征[J].西安交通大学学报（社会科学版），2018，38（6）：19-29.

[2]　刘振天.我国新一轮高校本科教学评估总体设计与制度创新[J].高等教育研究，2012，33（3）：23-28.

[3]　胡萍.我国高校教学评估二十年发展历程回顾[J].高等教育研究学报，2008（1）：40-43.

[4]　刘振天.从水平评估到审核评估：我国高校教学评估理论认知及实践探索[J].中国大学教学，2018（8）：4-11，25.

[5]　王玉琼，戴立益，雷启立，黄欣.基于专业评估的本科教学持续发展与质量保障机制建设研究——华东师范大学的探索与实践[J].上海教育评估研究，2015，4（4）：49-53.

[6]　董秀华.专业认证：高等教育质量保障的重要方法[J].复旦教育论坛，2008（6）：33-38.

[7]　何菁菁.我国工程教育实现国际多边互认[N].中国教育报，2016-03-09（11）.

[8]　宋伟新.国际与中国高等教育质量保障的新进展与发展方向——基于"高等教育质量保障：国际经验与中国探索国际研讨会"的分析[J].教育探索，2016（12）：51-56.

[9] 别敦荣，易梦春，李志义，郝莉，陆根书.国际高等教育质量保障与评估发展趋势及其启示——基于 11 个国家（地区）高等教育质量保障体系的考察 [J].中国高教研究，2018（11）：35-44.

[10] 教育部.教育部关于全面提高高等教育质量的若干意见 [J].中华人民共和国国务院公报，2012（22）：43-50.

[11] 郑晓齐，赵婷婷.亚太地区高等教育质量保障体系研究 [M].北京：北京航空航天大学出版社，2007。

[12] 王小明，冯修猛.国内高校内部教学质量监测与评估机构发展：现状、问题与对策 [J].上海教育评估研究，2018（4）：69-74.

[13] 张秋硕.高校内部教学质量评估组织的发展机制研究——以新制度主义组织理论为分析视角 [D]，武汉：华中师范大学，2016.

[14] 林杰.问责与改进 [M].济南：山东教育出版社，2015.

[15] 习近平.坚持中国特色社会主义教育发展道路 培养德智体美劳全面发展的社会主义建设者和接班人 [N].人民日报，2018-09-11（1）.

[16] 教育部.教育部关于印发《普通高等学校师范类专业认证实施办法（暂行）》的通知 [EB/OL]．（2017-10-26）[2022-03-25] http：//www.moe.gov.cn/srcsite/A10/s7011/201711/t20171106_318535.html.

[17] 龙宝新.美国师范专业认证工作对构建我国师范专业认证工作框架的启示 [J].教师发展研究，2018，2（2）：109-118.

[18] 薛二勇，刘爱玲.习近平教育思想：中国教育改革的旗帜与方向 [J].中国教育学刊，2017（5）：9-16.

[19] 殷学明.师范专业认证视域下的生成性教学改革 [J].长春教育学院学报，2019，35（6）：40-43.

[20] 戴立益.教师教育创新与师范专业认证 [M].上海：华东师范大学出版社，2019.

[21] 计国君、邬大光、薛成龙.内部质量保障的质量信息披露动力机制研究 [J].高教探索，2018（8）：5-13.

[22] 马晓春、周海瑛.认证标准视阈：师范专业质量保障体系构建新路向 [J].现代教育管理，2021（1）：76–84.

[23] 张伟坤、熊建文、林天伦.新时代与新师范：背景、理念及举措 [J].高教探索，2019（1）：32–36.

[24] 王勇.专业认证背景下师范院校内部质量保障体系构建研究 [J].中国高等教育，2019（7）：39–40.

[25] 孙新铭，谢波，樊宏伟，等.高职院校课程教学质量评价体系的研究与实践 [M].北京：石油工业出版社，2017.

[26] 杨应崧.教学质量要"医院体检"更要"自我保健" [N].中国教育报，2015–10–30（005）.

[27] 王珊珊.高校质量文化的内涵解析与价值诉求 [J].高等农业教育，2015（6）：24.

[28] 华危持.学校内部质量保证的文化自信 [J].江苏教育研究，2018（2）：66.

[29] 何致.重视与加强高等学校的文化建设——关于大学文化建设的思考 [J].中国高教研究，2007（12）：4–8.

[30] 周雪光.组织社会学十讲 [M]，北京：社会科学文献出版社，2003.

[31] 李嘉曾."以学生为中心"教育理念的理论意义与实践启示 [J].中国大学教学，2008（4）：54–56.

[32] 教师专业标准研究课题组.中学教师专业标准：要点·行动·示例 [M].北京：北京师范大学出版社，2013.

[33] 吴亚林.以学生为中心的教育理念解读 [J].教育评论，2005（04）：21–23.

[34] 曹杏田，汪定贵，程跃文.教师教育人才培养质量的提升路径——基于师范专业认证背景的研究 [J].集美大学学报（教育科学版），2018，19（6）：20–23.

[35] 鲍凤雨，等.职业院校教育教学质量保障体系理论与实践 [M].北京：机

械工业出版社，2011.

[36] 周立群.回归与创新：对新时代师范教育的思考[J].华南师范大学学报
（社会科学版），2018（6）：74.

[37] 李志义.适应认证要求推进工程教育教学改革[J].中国大学教学，2014
（6）：9-16.

[38] 毋丹丹.论教师专业发展的特质及其实践路径[J].教师教育研究，
2017，29（3）：81-86.

[39] 章建石.基于学生增值发展的教学质量评价与保障研究[M].北京：北京
师范大学出版社，2014.

[40] 向福、王锋、项俊.师范类专业认证背景下课程目标达成度评价及持续
改进策略[J].中国大学教学，2021（7）：74-79.

[41] 王章豹.基于TQM的高校教学质量管理模式[M]，杭州：浙江大学出
版社，2012.

[42] 冯晓云、张长玲、王克贵.西南交通大学本科教学质量保障工作手册[M].
成都：西南交通大学出版社，2018.

[43] 唐成燕.基于师范类专业认证标准的高校教师内涵发展路径[J].高教学
刊，2021（16）：160-163.

[44] 梁福成.专业认证背景下师范生培养模式研究[J].天津师范大学学报（社
会科学版），2019（4）：64-68.

[45] 王鹏.坚守与变革：师范类专业认证视角下的高校质量管理策略研究[J].
吉林师范大学学报（人文社会科学版），2020（5）：112-117.

[46] 刘明.OBE理念下的师范教育教学体系质量监控与保障研究[J].邢台学
院学报，2020（3）：75-79.

[47] 李志义.成果导向的教学设计[J].中国大学教学，2015（3）：32-39.

后记

提高教学质量是高等教育发展的核心任务，是建设高等教育强国的基本要求。高校教学质量保障体系建设作为一个庞杂而又全新的课题，在具体的教育教学实施过程中，面临着众多复杂情况和难题。师范类专业认证作为高校教学质量保障体系的重要抓手，为我们提供了一个可资遵循的新视域和新思路。

笔者在学校领导和校外专家的指导下，通过总结凝练所在学校前期十几年的教学督导工作经验，坚持理念先行，加强理论研究，以教学评估和专业认证为抓手，积极探索新时代职业教育发展背景下师范院校特色的内部教学质量保障体系的有效路径。笔者认为，新时代的高校教学质量保障体系建设，应坚持以全面质量管理为理论基础，遵循"学生中心、产出导向、持续改进"的先进理念，通过完善质量保障组织体系，健全质量标准，构建以"监控—评价—改进"为核心的教学质量保障运行机制，推动实现"五度"达成的质量标准，致力于形成自觉、自省、自律、自查、自纠的质量文化，从而为培养新时代高素质专业化创新型人才提供有力保障。

当然，随着时代的发展，我们的教育理念会不断更新、教学方法会不断创新，质量保障手段也会不断进步。另外，各大高校因文化氛围、历史传统、学科专业、办学层次与类型、学生规模水平等的不同，其质量保障体系的侧重点和具体实施细则都应有所不同，不会有统一的模式让人照搬照抄，但任何一个质量保障体系的最终目的都是保证和提高教学质量。因此，撰写本书既是为了总结和推广经验，更是为了抛砖引玉、求教大方，以便今后学习和借鉴其他院校的先进经验，以期为中国高等教育的改革与发展尽绵薄之力。